생활 속의 금강경

우룡큰스님 강설

효림

생활 속의 금강경

초 판 1쇄 펴낸날 2002년 9월 15일
　　　　22쇄 펴낸날 2024년 11월 27일

지은이 우룡스님 강설
엮은이 김현준
펴낸이 김연지
펴낸곳 효림출판사

등록일 1992년 1월 13일(제2-1305호)
주 소 서울시 서초구 반포대로14길 30, 907호 (서초동, 센츄리Ⅰ)
전 화 02-582-6612, 587-6612
팩 스 02-586-9078
이메일 hyorim@nate.com

값 10,000원

ⓒ 도서출판 효림 2002
ISBN 978-89-85295-27-7 03220

파본이나 잘못 만들어진 책은 바꿔 드립니다.

序

　대승경전 가운데 가장 먼저 성립된 금강경의 가르침은 매우 간결하면서도 직설적입니다. 따라서 그 내용이 심오하게 느껴질 수 밖에 없습니다. 하지만 원리를 알고 보면 결코 어렵기만 한 것이 아닙니다.

　지금 이 순간의 그릇된 마음을 항복 받는 방법을 설하여 깨달음의 마음, 지혜로운 마음, 곧 보리심菩提心 속에서 행복하게 살도록 인도하는 것이 금강경의 가르침입니다.

　그러므로 이 금강경을 올바로 이해하고 그 가르침에 따라 실천하면 참으로 복되고 지혜롭고 영광이 가득한 삶을 영위할 수 있게 됩니다. 문제는 그릇된 풀이와 그릇된 이해입니다. 간단한 예를 들겠습니다.

　한 스님이 어느 노스님의 친필인 '명암무이시비일明暗無二是非一 진망무이유무동眞妄無異有無同'을 들고 와서 다음과 같이 풀이를 해주었습니다.

"밝음과 어두움은 둘이 없고 옳고 그름이 하나이며
　참됨과 그릇됨은 다름이 없고 있고 없음이 같도다."

이 풀이에 대해, "그렇게 해석하면 부처님의 가르침에 계합하지 않으니 다시 풀이를 해 보라"고 하였으나, 글을 써주신 노스님도 그렇게 해석을 해주었다며 계속 '맞다'는 것이었습니다. 그래서 이 글귀의 바른 풀이를 일러주었습니다.

"밝음과 어두움은 둘이 없지만 이것이 하나는 아니요
　참됨과 그릇됨이 다름 없지만 같지 않은 점이 있다."

불교를 어느 정도 이해하는 이라면 이 두 해석에는 큰 차이가 있음을 금방 알 수 있을 것입니다. 금강경에도 이 구절과 같은 글들이 많이 있습니다. 간결하고 직설적이기 때문에 더욱 그러합니다. 그런데 금강경의 내용을 그릇되이 풀이하고 그릇되이 이해한다면 결과가 어떻게 되겠습니까? 부처님께 죄를 짓고 어리석은 길로 빠져드는 결과를 초래할 뿐입니다. 그러므로 마음을 모으고 정성을 다해 금강경을 공부하시기를 당부드립니다.

부디 우리 불자들이 생활의 현장에서 이 금강경의 가르침을 잘 이해하고 응용하여, 참된 자유와 영광과 행복을 누리며 살아가기를 축원드립니다.

불기2546년 성도재일　雨龍 합장

차 례

序·3

금강경을 공부하기 전에

· 꼭 새겨야 할 네 가지 주춧돌 … 11
　· 보리심이 무엇인가 · 11
　· 아집을 버려라 · 14
　· 법집을 벗어나라 · 18
　· 대우주에 가득한 행복과 용심법 · 22

· 경의 제목에 대하여 … 28
　· '금강반야바라밀경'의 의미 · 28
　· 먼저 경전 제목을 세 번 독송하라 · 36

금강반야바라밀경

· 법회인유분　法會因由分　第一　…　45
· 선현기청분　善現起請分　第二　…　48
· 대승정종분　大乘正宗分　第三　…　54
· 묘행무주분　妙行無住分　第四　…　67
· 여리실견분　如理實見分　第五　…　82
· 정신희유분　正信希有分　第六　…　89
· 무득무설분　無得無說分　第七　…　100
· 의법출생분　依法出生分　第八　…　107
· 일상무상분　一相無相分　第九　…　118
· 장엄정토분　莊嚴淨土分　第十　…　128

- 무위복승분 無爲福勝分 第十一 … 137
- 존중정교분 尊重正敎分 第十二 … 143
- 여법수지분 如法受持分 第十三 … 147
- 이상적멸분 離相寂滅分 第十四 … 156
- 지경공덕분 持經功德分 第十五 … 175
- 능정업장분 能淨業障分 第十六 … 188
- 구경무아분 究竟無我分 第十七 … 195
- 일체동관분 一體同觀分 第十八 … 215
- 법계통화분 法界通化分 第十九 … 230
- 이색이상분 離色離相分 第二十 … 233
- 비설소설분 非說所說分 第二十一 … 237
- 무법가득분 無法可得分 第二十二 … 244
- 정심행선분 淨心行善分 第二十三 … 249
- 복지무비분 福智無比分 第二十四 … 254
- 화무소화분 化無所化分 第二十五 … 261
- 법신비상분 法身非相分 第二十六 … 264
- 무단무멸분 無斷無滅分 第二十七 … 270
- 불수불탐분 不受不貪分 第二十八 … 274
- 위의적정분 威儀寂靜分 第二十九 … 281
- 일합이상분 一合理相分 第三十 … 284
- 지견불생분 知見不生分 第三十一 … 289
- 응화비진분 應化非眞分 第三十二 … 296

금강경을 공부하기 전에

꼭 새겨야 할 네 가지 주춧돌

금강경은 우리나라 불교의 소의경전(所依經典), 곧 이 땅에서 마음공부를 하는 불자들이 믿고 의지하는 기본경전입니다. 따라서 많은 불자들이 이 경전을 즐겨 독송하고 깊은 뜻을 알기 위해 노력합니다.

그러나 금강경의 주제가 보리심(菩提心)을 '어떻게 유지하고 어떻게 나의 그릇된 마음을 항복받을 것인가〔云何住 云何降伏其心〕'에 있다는 것을 알고 공부하는 이는 드뭅니다. 그러므로 금강경을 공부하기에 앞서 꼭 마음에 새겨야 할 네 가지 사항부터 함께 살펴보고자 합니다.

보리심이 무엇인가

첫째는 '보리심'의 참뜻입니다.

'보리'는 범어 아뇩다라삼먁삼보리(Anuttara-samyaksaṁbodhi)의 줄인 말로써 무상정등정각(無上正等正覺)이라고 번역합니다. 가장 높고 가장 바르고 가장 완전한 깨달음으로, 부처님의 깨달음을 가리킵니다.

따라서 '발아뇩다라삼먁삼보리심', 줄여서 '발보리심(發菩提心)'이라고 하면, '가장 높고 바르고 완전한 깨달음을 이루어 나도 부처가 되겠다'는 서원을 담고 있으며, 이 단어 하나로써 불교는 깨달음의 종교요 깨달음을 주춧돌로 삼는 종교임을 나타내어 주고 있습니다.

보리, 깨달음! 발아뇩다라삼먁삼보리, 가장 완전한 부처님의 깨달음! 그래서 사람들은 보리심을 너무나 높고 아득한 경지로 받아들여 감히 접근조차 하려 들지를 않습니다. '나'와는 무관한 것으로 착각까지 합니다.

그러나 보리와 발보리심, 발아뇩다라삼먁삼보리심은 멀고 아득한 곳에 있는 것이 아닙니다. 우리의 마음 속에, 우리의 일상생활 속에 있습니다.

생활 속에서 남편·아내·부모·자식·형제·친구 등과 대화를 나누거나 행동을 한 다음, '이렇게 하는 것이 아니었다', '잘못했다'고 반성하는 그 마음이 발아뇩다라삼먁삼보리심이요, 생활 속에서 일으키는 바른 마음, 밝은 마음, 감사할 줄 아는 마음 등이 발보리심입니다.

그야말로 일상생활을 하면서 하루에도 수없이 '아차, 잘못했구나', '바로 이것이다', '아, 감사합니다' 하는 이것이 깨달음의 마음이요 발아뇩다라삼먁삼보리심인 것입니다.

 문제는 운하주(云何住), '이러한 마음을 어떻게 잘 유지하는가?' 하는 것입니다. 보리심이 일어난 다음 순간, 과거의 습관이나 환경에 휘말려 다시 허물을 짓게 되는 것이 문제입니다. 하지만 우리는 중생이기에, 비록 깨닫는다고 하여도 일시에 모든 습관을 바꾸기가 쉽지 않습니다. 그릇됨은 또다시 솟아납니다.

 그래서 금강경에서는 운하항복기심(云何降伏其心), 그릇됨이 치솟을 때 '어떻게 그 마음을 다스릴까'를 늘 생각할 것을 가르치고 있습니다.

 결코 보리심은 완전히 깨달은 이만이 발하는 마음이 아닙니다. 누구나 발할 수 있는 마음입니다. 그리고 크게 깨달을 때 한 번만 발하는 마음이 아닙니다. 《자비도량참법》에서는 이를 매우 강조하고 있습니다.

 "보리심은 한 번 발하여 마치는 것이 아니다. 자주자주 발하여야 한다."

 우리 불자들은 이 깨달음의 마음을 자주자주 발하여 자신을 채찍질해야 합니다. 나쁜 습관, 그릇된 환경 때문에 처음에는 잘 안 될지라도, 거듭거듭 반성하고 스스로를 일깨워 향상(向上)의 길로 나아가야 합니다. 보리심을 자꾸자꾸 발하고 덧붙여 게으름의 구덩이, 습관의 구덩이로 빠져들어가는 마음을 이겨나가야 합니다.

이겨나가야만 바르고 착하고 밝은 보리심을 한결같이 유지할 수 있습니다. 하루 이틀이 아니라 몇십 년 몇백 년까지도 그 마음을 유지하고, 거기에 또다시 바르고 착하고 밝은 마음을 덧붙이고 덧붙이는 불자야말로 '금강경을 가까이 하는 사람', '올바로 수행하는 사람', '향상하는 사람'이라 할 수 있는 것입니다.

부디 명심하십시오. 금강경의 가르침이 '나' 스스로의 마음을 거듭거듭 점검하고 다스려, 향상의 길로 부처의 자리로 나아가게 하는 데 있다는 것을!

아집을 버려라

둘째는 '나를 비우고 축원하라'는 것입니다.

부처님이 '나'를 넘어선 존재라면, 중생은 '나'에 얽매어 사는 존재입니다. 중생인 우리가 '나'의 굴레를 벗기란 참으로 어렵습니다. 너무나 '나'를 사랑하기 때문에 '나'라는 멍에를 지고 살아갑니다. 그 멍에가 너무나 무겁고 힘든 것인데도 '나'를 비울 줄 모릅니다. 오히려 '나' 잘난 맛에 살아갑니다.

물론 이 사바세계에서 남보다 잘난 맛이 조금도 없다면 오히려 살 맛이 나지 않을지도 모릅니다. 그러나 이 아집(我執)과 아만이 '나'의 보리심과 '나'의 향상을 방해할 뿐 아니라,

'나'와 '나' 주위의 행복을 가로막기 때문에 '나'를 비우라고 하는 것입니다.

정녕 우리의 아집은 얼마나 강한 것인가? 우리 불자들이 불보살님께 올리는 축원을 예로 들어 봅시다.

우리의 어머니들은 절에 와서 기도를 할 때 자신보다는, '집안 편안하고 남편 건강하고 아들딸 잘 되게 해달라'고 축원을 합니다. 가족 모두가 건강하고 바른 길로 나아가며, '그들의 소원을 이루어지게 하소서' 하며 축원을 합니다. 참으로 '어머니' 다운 거룩한 축원이라 하지 않을 수 없습니다.

그런데 문제는 집에 와서 발생합니다. 절에서의 거룩한 축원과는 달리 남편이 실수를 하면 곧바로 바가지를 긁습니다.

"당신! 도대체 왜 그래요? 당신 때문에 못 살겠어."

또, 아들딸이 그릇되면 잔소리가 끝이 없습니다.

"이놈아! 하라는 공부는 하지 않고 하는 짓이 그게 뭐야?"

'나의 가장 사랑하는 가족'이라는 이름 아래 이렇게 짜증을 내고 잔소리를 하여서야 어찌 불보살님전에 참되이 축원을 하였다고 할 수 있겠습니까? 어찌보면 내가 올린 축원은 남편과 자식을 위한 축원이라기보다는 '나' 자신을 위한 축원이었는지도 모릅니다.

나! 절에서의 축원과 집에서의 행동이 다른 것은 바로 '나' 때문입니다. 사랑하는 남편과 자식보다 '나'를 더 사랑하기 때문입니다. 나! 이 '나'가 들어 모든 것을 망쳐 놓습니다. 남편을 망치고 자식을 망칩니다.

그럼 어떻게 해야 하는가? 절에서 하였듯이, 집에서 '나'에게 맞지 않는 일이 일어났을 때에도 짜증을 부리거나 화를 내지 않고 한결같이 가족을 위해 축원을 할 수 있어야 합니다. 그래야만 다생다겁동안 '나'로 말미암아 생겨난 업장이 녹아내리면서 행복이 깃들게 됩니다.

물론 눈앞에 그릇된 것이 보이는데 한결같이 축원을 하기가 쉽지는 않을 것입니다. 특히 다생다겁 동안 쌓아온 습기로 똘똘 뭉쳐진 존재가 지금의 '나'이기 때문에 더욱 그러합니다.

지금의 '나'. 실로 지금의 '나'는 현생에 익힌 습기만으로 존재하지 않습니다. 과거 전생의 수많은 생애, 수백 생 수천 생 동안 익힌 버릇이 함께 합니다. 개였을 때의 버릇, 돼지였을 때의 버릇, 새였을 때의 버릇, 천인이었을 때의 버릇, 거지였을 때의 버릇, 양반이었을 때의 버릇, 왕족이었을 때의 버릇 등 수백 생 수천 생의 용심(用心)이 똘똘 뭉쳐 지금의 '나'를 있게 하는 것입니다.

그러므로 지금의 '나'는 진정한 '나'일 수가 없습니다. 다생다겁 동안 익혀온 버릇따라 움직이는 믿을 수 없는 '나'입니다. 따라서 이러한 '나'를 믿고 사랑하고 끄달려 사는 동안에는 참된 도를 이룰 수가 없습니다. 도가 아니라, 자기애(自己愛)에만 더욱 깊이 빠질 뿐입니다.

그래서 부처님께서는 "나에 대한 집착〔我執〕을 비우라"고 하셨습니다. 다생다겁의 버릇따라 움직이는 '나를 비워버려야〔我空〕' 참된 '나'가 발현된다고 하셨습니다.

가족을 위한 축원 또한 마찬가지입니다. 결코 '나'에게 맞추는 축원이 되어서는 안 됩니다. 가족을 위한답시고 다생의 습기로 뭉쳐진 거짓 '나'의 마음에 맞는 축원을 하여서는 안 됩니다. '나'에게 맞춘 축원, '나'의 욕심으로 축원을 하면, 가족이 '나'에게 맞지 않는 방향으로 나아갈 때 실망하고 화를 내고 멀어지지 않을 수 없게 되는 것입니다.

부디 '나'를 벗어버리고 축원을 하십시오. '나'를 비워버리고 진정한 축원, 한결같은 축원을 하십시오. 그렇게 하면 시간이 흐름에 따라 모든 업장이 녹아내리면서, '나'와 가정과 주위에 평화와 환희가 깃들게 됩니다.

만약 '나'를 비운 축원을 할 수 없다면, 축원보다는 참회를 하십시오. 절에서나 집에서나 참회를 하십시오.

'제가 지은 모든 죄업을 참회합니다.'

이렇게 참회를 하여 가슴 속에 얽히고 설킨 것들을 먼저 풀어버리십시오. 참회를 통하여 맺힌 것을 풀고 나면, 가족을 위해 일부러 축원을 하지 않아도 집안이 편안해지고 잘살 수 있게 됩니다. 또한 참회를 통하여 '나'의 욕심이 떨어지고 '나'의 감정이 떨어진 다음 축원을 하면, 그 축원의 효력은 바로 나타나게 됩니다.

그러므로 욕심이 발버둥치는 모습으로 기도를 하거나 축원을 하기보다는, '나' 자신을 백지로 돌리고 '나'를 비우는 실천이 앞서야 합니다. '나'를 비우는 아공(我空)! 이것이 금강경에서 일관되게 가르치는 핵심법문임을 잊지마시기 바랍니다.

법집을 벗어나라

셋째는 '법집(法執)을 벗어나라'는 것입니다.

집착은 고통을 낳고 깨달음을 방해합니다. 그래서 불교에서는 버려야 할 두 가지 큰 집착으로 아집(我執)과 법집(法執)을 꼽고 있습니다. 이 가운데 아집이 '나'에 대한 집착이라면, 법집은 법에 대한 집착입니다.

'법집'이라는 단어 속에는 우주만물에 대한 집착, 진리에 대한 집착, 내가 믿는 종교에 대한 집착 등이 모두 포함되어 있습니다. 그러나 여기에서는 불자들이 쉽게 범하는 법집, 곧 계급의식에 대해 이야기하고자 합니다.

우리 불자들 중에는 자기의 신행생활을 자랑하는 이들이 더러 있습니다.

"나는 절에 다닌 지가 수십 년이 되었다."

"내가 다니는 절은 ○○큰스님이 계신 ○○사이다."

"나는 ○○큰스님을 친견하고 법문을 들었으며, 글씨까지 받았다."

"나는 금강경·원각경을 비롯하여 화엄경까지 모두 공부하였다."

"나는 7일 동안 매일 3천 배를 하였다."

"나는 기도를 하여 어떤 차원을 경험했다."

이와같이 자기 신행의 경력이나 체험을 주위 사람들에게 우쭐대며 이야기합니다. 이러한 자랑이 '나'의 향상과 공부를 방해하는 것임을 알지 못하기 때문에 쉽게 말하고 즐거워하는 것입니다.

그러나 곰곰이 되새겨 보십시오. 자랑을 하며 내뱉는 '나는'이라는 말은 아집이요, 그 뒤를 잇는 '~되었다', '~하였다', '~이다'는 말은 법집입니다. 특히 이와 같은 자랑 속에는 강한 계급의식이 자리잡고 있습니다. 절대 평등의 법계에서 법에 대해 차별을 두고 계급을 두는 것입니다. '나'와 '너'와는 다르다는 것이며, '나'의 법이 너희와는 한 차원 다른 경지에 있다는 것입니다.

이것이 참된 공부를 망칩니다. '나'와 '너'를 넘어선 절대 평등, 모두가 함께 공유하는 대우주의 진리와 완전히 하나가 되어야 가장 완벽한 깨달음인 아뇩다라삼먁삼보리를 이룰 수 있는데, 자신의 경력이나 경험에 빠져버리고 자랑까지 하니, 어찌 도가 증장될 수 있겠습니까?

이러한 계급의식은 재가불자들에게만 있는 것은 아닙니다.

스님들에게서도 종종 보입니다.

"나는 스님이요, 너희는 재가불자다."

"나는 몇 년을 선방에서 정진했고, 어떠한 경지를 체험했으며, 현재의 직위는 무엇이다."

어떠한 스님이 이러한 말씀을 즐겨하신다면, 그 분이 법집에 빠져있다는 것을 증명하는 것입니다. 바꾸어 말하면, 신분과 경력과 체험을 자랑하며 우쭐되는 것 자체가 덜 익었다는 증거입니다.

그런데도 우리 불자들 중에는 주지임을 자랑하고 법사임을 자랑하고 신도회 간부임을 자랑하고 큰 불사를 하였음을 자랑하는 이들이 있습니다. 때로는 자신의 직책과 경력을 내생의 행복에 대한 자리매김으로 생각하는 이들도 있습니다.

물론 다른 종교라하여 다를 바는 아닙니다. 오히려 더 심합니다. 기독교에서는 '집사·권사·장로·목사'라는 계급에 따라 저승길이 확정되고, 죽은 다음의 갈 자리가 확보된다며 자랑을 합니다. 그 계급에 의해 모든 것이 다 해결된 것처럼 착각을 합니다. 그래서인지 그들은 계급의식을 쉽게 버리지 못합니다.

가톨릭 또한 마찬가지입니다. 신부님과 수녀님 중에는 참선을 열심히 하는 분들이 많습니다. 어떤 분들은 스님들조차 놀랄 정도로 무섭게 정진을 합니다. 나는 그러한 신부와 수녀들에게 물었습니다.

"참선이 좋은 공부라 생각합니까?"

"예."

"신부님과 수녀님들은 스스로가 좋다고 느끼고 닦는 참선을 신자들에게 권하고 있습니까? 신자들에게 참선을 시킵니까?"

이 질문에 대해서는 어느 한 분도 "예"라고 답하지 않았습니다. 왜입니까? 좋다고 체험하였으면 두루 권하여 함께 하는 것이 최상일텐데, 그들은 성직자인 자신들끼리만 참선을 하고 있습니다. 왜입니까? 신자들이 같은 공부를 하여 저희가 신자들 위에 서지 못하게 될까를 두려워하는 것이 아니라면….

평등·평등·평등! 불교나 기독교나 가톨릭이나 모두 평등을 주장합니다. 그런데도 내면을 들여다보면 모두가 계급의식에 빠져있습니다. 법집에 빠져있다는 이야기입니다.

참된 종교인이요 참다운 불자라면 이러한 계급의식에서 벗어나야 합니다. 최소한 자신의 종교경력이나 신분을 자랑하고 우쭐거리는 일만은 하지 말아야 합니다. 이렇게 하여야만 법집에서 벗어나 향상의 길로 나아갈 수 있습니다.

간절히 당부하건대, 부디 순수한 마음으로 부처님의가르침을 익히고 실천하십시오. 법집에 빠져있으면 부처님의 말씀조차 들리지 않습니다. 법집을 놓아버리고 순수한 마음으로 돌아가면 부처님의 말씀이 그렇게 고마울 수가 없으며, 나날이 깨달음이 열리게 되는 것입니다.

　부처님의 경지와 비교하면 아무 것도 아닌 나! 그러한 '나'가, 듣고 배우고 체험하여 얻게된 조그마한 '나'의 법에 집착하여 가장 높고 바르고 완전한 깨달음인 무상정등정각을 가로막아서야 되겠습니까? 묵묵히 법집을 버리고 법공(法空)을 이루어 무상정등정각을 성취하라는 것이 금강경의 가르침이라는 것을 잘 명심하시기 바랍니다.

대우주에 가득한 행복과 용심법

　넷째는 금강경의 용심법(用心法)입니다.

　우리 부처님의 뜻은 일체중생 모두가 부처되는 데에 있습니다. 그래서 아집과 법집을 놓아 아공과 법공을 이루어야 한다고 하셨습니다. 그런데 이 이야기를 하면, '내가 어떻게'라고 하는 불자들이 많습니다. 나아가 '나를 비우고, 욕심을 비우고 어떻게 살까'를 걱정하는 이들도 있습니다.

　하지만 법계의 원리에서 보면 조금도 걱정할 일이 아닙니다. 우리가 살고 있는 대우주에 무한한 행복과 영광이 가득차 있기 때문입니다. 그럼 어떤 이는 질문을 할 것입니다.

　"대우주에 무한한 행복과 영광이 가득한데 왜 우리는 잘 살지를 못하는 것인가?"

　바로 욕심 때문입니다. 탐욕이 가득하고 번뇌망상이 가득하기 때문입니다. 또 질문을 할 것입니다.

"왜 우리는 그것을 보지 못하는가? 보이면 확신을 하여 번뇌망상도 부리지 않고 욕심도 없이 살 것인데…."

역시 대답은 같습니다. 탐욕과 탐욕에서 파생된 번뇌망상 때문에 보지를 못합니다. '나'의 욕심이 대우주에 가득한 영광과 행복을 차단시켜 버리는 것입니다.

실로 우리는 하루하루를 '돈·돈·돈', '출세·출세·출세', '행복·행복·행복'을 갈구하며 살고 있습니다. 이 욕심을 충족시키기 위해 일생을 허비합니다. 그런데 수십 년을 살아보고 난 지금, 어떻습니까? 지금의 돈과 출세와 행복에 만족하십니까? 대부분은 아닐 것입니다. 아직도 부족하고, 아직도 그 굴레에서 벗어나지 못하고 있을 것입니다.

그러므로 참으로 부유하고 떳떳하고 행복하게 살기를 원한다면, 무엇보다 먼저 욕심을 놓아버려야 합니다. 눈앞을 가리고 있는 욕심을 벗겨버려야 합니다. 놓아버리고 벗겨보십시오. 우주에 가득차 있는 영광과 행복이 저절로 찾아듭니다.

※

조선시대의 대표적인 유학자 가운데 한 분인 미수(眉叟) 허목(許穆, 1595~1682)선생은 조선시대 역사상 과거시험을 거치지 않고 삼공(三公 : 영의정·좌의정·우의정)에까지 오른 매우 뛰어난 분입니다.

이 미수선생에게는 매우 가난하게 사는 누님이 한 분 계셨습니다. 욕심이 많았던 누님은 높은 벼슬을 하고 있는 미수선생에게 자주 찾아와 생떼를 썼습니다.

"너는 전혀 모르는 사람에게는 잘하면서, 불쌍한 생질에게는 어찌 그리도 무심하냐? 높은 벼슬을 하고 있을 때 말단 관직이라도 하나 주든지, 장사라도 할 수 있도록 한밑천 잡아주면 오죽 좋으냐?"

누님의 거듭되는 불평과 원망에 못 이겨 미수선생은 나이 마흔이 갓 넘은 생질을 불렀습니다. 그리고 그 생질을 자갈이 수북하게 깔려 있는 한강 가로 데리고 갔습니다.

"이 자갈들 중에서 하나를 네 마음대로 집어라."

어진 미수선생의 눈에는 한강 변에 깔려 있는 자갈돌이 모두 금덩어리로 보였지만 중생심, 욕심이 눈앞을 가리고 있는 생질의 눈에는 한낱 자갈돌에 불과했습니다.

'지체 높은 외삼촌이 모처럼 부르기에 벼슬을 줄까 돈을 줄까 크게 기대하였더니 흔해 빠진 자갈돌이야? 이걸 가지고 무엇을 하라고?'

속으로는 울화통이 터졌지만, 외삼촌의 명이라 감히 거역할 수도 없고 하여 손에 넣으면 꼭 잡힐 만한 크기의 돌을 하나 주웠습니다.

"그만한 거면 되겠느냐?"

"흔해 빠진 자갈돌! 이것으로 무엇을 하라고요?"

생질은 잔뜩 부어 퉁명스럽게 물었습니다.
"모레가 남대문 시장 장날이지. 시장에 가지고 나가 앉아 있으면 사러 오는 사람이 있을 것이다."
'흥, 어느 미친놈이 돌을 사러와.'
생질은 내키지 않았지만 '혹시나' 하는 기대로 아침 일찍 시장에 나갔습니다. 자갈돌을 앞에 놓고 앉아 있었지만 한낮이 되도록 누구 하나 거들떠 보지도 않았습니다. 생질의 불만은 점점 커져만 갔습니다. 그런데 오후 2시쯤 되자, 점잖은 노인 한 분이 지나가다가 그 돌을 보고 흠칫 놀라는 것이었습니다. 그리고 매우 공손하게 물었습니다.
"이것을 어떻게 하시렵니까?"
"팔 거요."
"얼마를 받으려 하십니까?"
"알아서 주소."
대화를 해보고 노인은 즉시 알아차렸습니다.
'값어치도 모르고 물건을 파는 놈! 하지만 이것을 팔도록 한 분에 대한 대접은 해야 하리라.'
"수고스럽겠지만 이것을 들고 나를 따라오십시오."
노인은 잠시 걸어 이조참판의 집으로 들어가더니, 하인을 시켜 돈 3백 냥을 가지고 오게 하는 것이었습니다. 그리고 하인에게 지시했습니다.
"무거울테니 이 어른댁까지 갖다 드려라."

'하, 조그마한 돌 하나가 3백 냥이라니! 이제 나도 떼부자가 될 수 있다. 외삼촌과 같이 갔던 한강 변의 자갈돌을 몽땅 팔아야지.'

미수선생의 생질은 다시 한강 변으로 달려가 큼지막한 돌 하나를 주워 다시 시장으로 갔습니다. 그러나 며칠이 지나고 몇 달이 지나도 값을 묻기는커녕 거들떠보는 사람도 없었습니다.

약간은 허황한 듯이 들릴지 모르지만, 미수선생처럼 눈을 뜨면 대우주의 무한한 영광과 행복이 나에게로 다가옵니다. 반대로 우리 중생들은 크게 열려 있는 대우주의 무한한 영광과 행복을 '나'의 욕심과 감정으로 거절해 버립니다. 그리고는 '돈·돈·돈, 출세·출세·출세, 행복·행복·행복'을 노래하며 욕심을 더욱 부채질합니다. 스스로 눈을 감고 있으면서 '나'에게 오지 않는다고 앙탈을 부립니다. 빚을 갚는 자세로 살기보다는 '나'라고 하는 고약한 욕심을 더욱 키우며 살기 때문에, 우주의 무한한 영광과 행복이 멀리멀리 달아나버리는 것입니다.

부디 욕심의 눈을 씻고 눈을 똑바로 뜨십시오. 내 가슴에 얽힌 '나'와 '남'의 벽을 무너뜨리고 주위의 분들을 돌아보십시오. 그분들이 '나'에게 얼마나 고맙게 해주는가를 분명히 보십시오. 그리고 그분들을 향해 "고맙습니다", "감사합니다" 하면서 보답하는 자세로 살아가십시오.

　이렇게 살면 우리의 마음은 편안해집니다. '나'의 마음이 편안해지면 집안도 편안해지고, 무한의 행복과 영광이 저절로 쏟아져 들어오게 되어있습니다.

　이것이 바로 금강경에서 가르치는 마음쓰는 법〔用心法〕입니다. 온 세상 중생을 모두 포섭하고도 남을 만큼 넓게 마음을 쓰면, 지나간 시간의 빚덩어리가 풀어지고, 지나간 시간의 고약한 인연줄이 모두 끊어지면서, 지금부터의 앞날이 참으로 평화롭고 행복하게 펼쳐집니다.

　이제까지 이야기한 네 가지 사항을 잘 명심하여 다함께 깨달음의 길로 나아가는 불자가 되기를 축원드리면서, 경의 제목 풀이로 넘어가겠습니다.

경의 제목에 대하여

'금강반야바라밀경'의 의미

'금강경(金剛經)'의 원래 이름은 '금강반야바라밀경(金剛般若波羅蜜經)'입니다. '금강과 같은 반야로써 바라밀의 세계로 나아가게 하는 부처님의 말씀'이라는 뜻입니다.

조금 더 구체적으로 풀이해 봅시다. 금강반야의 금강은 비유요, 반야는 실체입니다.

금강(金剛)은 '금강불괴(金剛不壞)'. 세상에서 가장 단단하다는 금강석보다 더하여 결코 파괴되지 않는다는 뜻입니다. 그 금강불괴한 것은 온갖 변화 속에서도 파괴되지 않습니다. 아무리 오랜 세월이 흘러도 완전한 모습 그대로 존재합니다. 얼마나 견고하면 이러하겠습니까? 또한 하늘까지 치솟는 번뇌망상일지라도 단번에 베어버립니다. 번뇌망상을 끊는 예리함으로 따지면 이보다 더한 것은 어디에도 없습니다. 그래서 '금강'에 비유하여 경의 제목을 삼은 것입니다.

그럼 무엇이 이토록 견고하고 또 예리하다는 것인가? 바로 반야(般若)입니다.

반야의 산스크리트〔梵語〕원어는 프라즈나(prajna)요, 프라즈나는 진실한 생명에서 발현되는 근원적인 예지입니다. 그래서 반야를 '지혜(智慧)'라고 번역합니다.

'반야는 지혜고 지혜는 반야다.' 흔히들 이렇게 막연한 이야기를 하지만, 이렇게 반야를 설명하여서는 시원스럽지가 않습니다. 그럼 무엇이 반야지혜인가?

반야는 3종반야, 곧 실상반야 · 관조반야 · 문자반야의 세 가지 측면으로 설명할 수 있습니다.

첫번째의 실상반야(實相般若)를 이야기하기에 앞서 잠깐 동안 단정히 앉아 모든 생각을 놓아버리고 고요히 호흡하며 선정(禪定)에 잠겨 보십시오. 길지 않은 시간, 단 5분이라도 좋습니다. 자 잠깐 앉아보십시오.

....

이 잠깐의 시간 동안, 우리는 말로 표현할 수 없고 모양으로 느낄 수 없는 어떤 '나'를 감지할 수 있었을 것입니다. 무엇인가 분명히 있지만 물건처럼 잡을 수도 없고, 빛깔도 소리도 없지만 펄펄 살아 있는 어떠한 기운을 느꼈을 것입니다.

바로 그렇습니다. 고요 속에서 또렷이 살아 있는 그 기운! 그것이 바로 우리들 모두가 가지고 있는 실상반야입니다.

허공은 법을 설하거나 듣지를 못합니다. 그리고 지 · 수 ·

화·풍의 네 가지 기운으로 이루어진 우리의 사대육신(四大肉身) 또한 법을 설하거나 들을 줄을 모릅니다. 그런데 지금 우리에게는 법을 설하기도 하고 듣기도 하는 뚜렷하고 분명한 어떤 것이 있습니다.

말을 하고 들을 줄 아는 뚜렷한 그 무엇, 아득한 옛날부터 오늘에 이르기까지 한결같이 움직이고 멈추고 말하고 침묵할 줄 아는 그 무엇, 어느 때 어느 곳에서든지 분명히 알고 환하게 밝은 그 무엇이 있습니다. 이렇듯 어디에서나 어느 때에나 변하지 않는 근원적인 그 무엇, 곧 우리의 근본 마음자리를 실상반야라고 하는 것입니다.

이 실상반야는 그 누구도 간섭할 수 없고 빼앗아 갈 수 없는 자리입니다. 부모도 자식도 염라대왕도 부처님마저도 손을 대지 못하는 자리입니다. 오직 '나' 자신만이 간직할 뿐, 어떤 존재도 결코 간섭할 수 없는 차원입니다.

돈으로도 어떻게 할 수 없고, 권력으로도 어떻게 할 수 없고, 협박이나 폭력으로도 어떻게 할 수 없고, 사랑이나 지식으로도 어떻게 할 수 없는 '유일 절대'의 차원입니다. 바꾸어 말하면 우리의 근본 마음자리를 실상반야라 하는 것입니다.

이 실상반야는 만들어진 것이 아닙니다. 만들어진 모든 것은 무너지기 마련이지만, 만들어진 것이 아닌 실상반야이기에 무너질 까닭이 없습니다. 어떠한 윤회의 세계에 가더라도 어떠한 일을 할지라도 실상반야의 자리는 파괴되거나 손상되지 않기 때문에 '금강불괴의 반야'라고 하는 것입니다.

두 번째의 관조반야(觀照般若)는 실상반야의 작용(作用)입니다. 앞에서처럼 고요히 호흡하며 앉아 있을 때, 누군가가 옆에 와서 손톱으로 꼬집으면 자신도 모르게 '아얏!' 하고 소리칩니다. 그 반응은 번갯불보다 더 빠릅니다.

또한 옆에서 욕심을 자극하거나 기분을 건드리는 소리를 하면 참지 못하여 바로 무엇인가를 말하게 되며, 눈에 무엇인가가 비춰도 '파르르' 반응을 나타냅니다. 허공이나 나무라면 이러한 반응이 있습니까? 죽은 육신이 그러합니까? 이처럼 볼 줄 알고 들을 줄 알고 느낄 줄 알고 반응할 줄 아는 이 모든 것이 반야의 작용입니다.

그런데 '관조(觀照)를 하라'고 했습니다. 무엇을 관조하라는 것인가? 실상반야를 관조하라는 것입니다. 눈이 원하고 귀가 원하고 코가 원하고 혀가 탐하고 몸이 좋아하는 것을 좇아가지 말고, 금강불괴의 실상을 관조하라는 것입니다. 일어나는 번뇌망상을 좇아가는 것이 아니라, 실상반야의 예리하고 날카로운 작용으로 번뇌망상을 끊고 실상반야의 자리로 되돌아 오도록 하는 것이 관조반야입니다. 나의 실상반야를 언제나 비추어보고 되돌아보고 점검하는 것, 그것이 관조반야인 것입니다.

세 번째의 문자반야(文字般若)는 글자로 표현한 반야입니다. 곧 관조반야를 하여 실상반야를 체험한 경험을 문자로

옮겨 놓은 것으로, 금강경 · 반야경 등의 경전이 이것입니다.

그러므로 금강반야를 체득하고자 하는 우리는 실상 · 관조 · 문자의 삼종반야에 의지하여야 합니다. 먼저 문자반야를 통하여 실상반야의 세계를 알고, 그와같은 실상반야를 증득하기 위해 끊임없이 번뇌망상을 다스리며 관조반야를 닦아야 하는 것입니다. 이렇게 할 때 우리는 '금강반야바라밀'의 바라밀을 성취할 수 있습니다. 반야를 주춧돌로 삼아 바라밀을 하라는 것입니다.

바라밀(波羅蜜, Pāramitā). 바라밀을 말 그대로 해석하면 도피안(到彼岸), 곧 '피안의 세계로 간다', '성자의 세계로 간다'는 뜻입니다. 하지만 현재의 자리를 떠나 완전히 다른 곳에 있는 피안의 세계, 성자의 세계로 간다는 의미로만 받아들여서는 안 됩니다.

바라밀 속에 깃든 참뜻은 '향상한다 · 전진한다 · 발전한다'는 것입니다. 일상생활 속에서 매일매일 향상하는 것이 바라밀입니다. 한 예를 들어, '내가 내 자식을 어떻게 키우겠다'는 목표를 세웠다고 합시다. 내가 그 자식을 진리에 의거하여 키우고 있다면 곧 반야(般若)를 실천한 것이고, 그 자식이 내가 목표한 대로 잘 자랐으면 바라밀이 된 것입니다.

결코 중생이 생사의 언덕을 넘어 성자가 되는 것만을 바라밀이라고 하지는 않습니다. 생활 속에서 하나의 목표를 세워 꾸준히 실천하고, 그 목표를 달성하는 것도 바라밀입니다.

그야말로 지성의 마음으로 살면 바라밀은 저절로 이루어집니다. 생활 속에서 마음을 잘 쓰고 바르게 쓰면 바라밀의 주춧돌은 올바로 놓이게 되고, 불자의 최종 목표요 금강경의 바라밀인 부처님이 될 수가 있습니다.

그런데도 우리는 작은 일 큰 일 할 것 없이 바라밀을 성취하지 못합니다. 왜 입니까? 향상·전진·발전의 길로 나아가다가 스스로를 흔들어버리기 때문입니다. 주위에서 흔히 일어나고 있는 한 예를 들어봅시다.

여러 해를 '관세음보살'을 염하며 살아온 보살에게 어떤 친구가 찾아와서 권합니다.

"이 친구야, 관세음보살을 염불하는 것으로는 진짜 불교 공부가 아니야. 진짜 공부는 큰스님께 화두를 받아서 참선을 하는 것이지. 내가 잘 아는 큰스님이 있으니 같이 화두를 받으러 가자."

이러한 권유 한 마디에 솔깃 넘어가는 사람이 많습니다. 이러한 유혹에 이제까지 열심히 하던 염불을 놓아버리는 불자들이 많습니다. 염불로써 채 바라밀을 이루기도 전에….

그러나 이와 같은 권유가 바로 마구니요, 솔깃하여 염불을 놓게 되면 마구니의 승리로 끝나버리는 것입니다. 재가불자들만이 아닙니다. 스님들 가운데도 이러한 분들이 더러 있습니다. 애써 경전공부를 하는 학승을 찾아가 주저없이 이야기를 합니다.

"야, 경전을 보는 것은 껍데기를 훑는 거야. 중의 본분은 정진이요, 진수를 알려면 참선을 해야 돼. 공연히 경전 연구한다며 몇 년을 허비하다 보면 나이가 차서 선방에도 갈 수 없어. 그만 집어치우고 참선정진하러 가자."

하지만 이것이 바로 마구니의 유혹입니다. '내가 이 경을 다 마치겠다'는 원을 세웠으면, 그 경을 끝까지 마무리 하는 것이 성불의 길입니다. 저 언덕에 건너가는 바라밀인 것입니다. 그런데 도중에 흔들려 내가 세운 목표에 도달하지 못하게 되면 바라밀을 못한 것이 아니고 무엇입니까?

생활 속에서도 마찬가지입니다. '내가 부모님께 잘못을 저질렀구나. 앞으로는 어떠한 고통이 올지라도 부모님을 위해 이렇게 해야겠다'는 보리심을 발하였으면 끝까지 그 마음으로 가야 바라밀이 됩니다. 부모님과의 맺힘이 완전히 사라진 저 언덕에 이르게 되는 것입니다.

그런데 법당에 와서는 아들딸을 축원해 놓고, 집에 돌아가 공부하지 않고 딴짓을 하는 아들딸에게 불만을 퍼붓고 신경질을 낸다면, 법당에서의 축원은 바라밀이 된 것입니까? 바라밀이 끊어진 것입니까?

법당에 와서 축원을 했듯이 아들딸이 설사 탈선을 했을지라도 계속 축원을 해드리고, 그 축원과 함께 아들딸을 내가 목표한 자리에까지 완전히 올려세워야 자식을 키우는 바라밀이 이루어지는 것입니다. 돈을 버는 것도 마찬가지입니다. '내가 돈을 얼마만큼 벌겠다'고 하였다면, 어떤 고통이 오고 시련이 닥칠지라도 목표한 액수만큼 버는 것이 바라밀입니다.

수행 중에나 생활에서나 성취를 방해하는 마구니는 수시로 등장하기 마련입니다. 바로 그때, 흔들리면 바라밀은 하나도 이루지를 못합니다. 금강의 자세로 바라밀을 하나씩 하나씩 쌓아나가면 마침내는 부처의 자리에 이를 수가 있습니다.

결코 조급해하지 말고 흔들림없이 나아가십시오. 부처의 자리를 향해 끝없이 정진하는 보살의 과정을 3대겁(三大劫)의 수행이라고 하였습니다.

금강같은 반야로써 저 언덕을 향해 끝없이 전진하고 향상하고 발전하는 것이 '바라밀'에 깃든 참뜻임을 꼭 명심하시기 바랍니다.

마지막의 경(經)이 간직하고 있는 뜻에 대해서는 일반적으로 두 가지로 풀이합니다.

첫째는 '줄'이라는 뜻입니다. 염주알을 연결하는 줄처럼, '금강반야로써 바라밀을 하는 내용들을 이어놓은 줄'이라는 뜻입니다.

둘째는 '원천·샘'이라는 뜻입니다. 그 일이 무한으로 솟아나는 우물이라는 뜻입니다. 금강과 같이 견고하고 예리하고 밝은 반야의 지혜로써 전진하고 향상하고 발전하는 일이 끝없이 끝없이 무한으로 솟아나는 원천이 금강반야바라밀경이라는 것입니다.

이 두 가지 중, 두 번째의 의미가 더 좋을 듯 합니다. 부처님 때부터 시작하여 2,500년이 지난 지금까지도 그 생에서 이 일이 끊어짐이 없이 계속 솟아났고, 앞으로 몇 억만년이 지나도 이 일이 계속해서 솟아나는 원천이요, 무한한 샘이 경이라는 뜻이 됩니다.

결론적으로 이들을 종합하여 '금강반야바라밀경'의 뜻을 새기면 '금강같은 반야의 지혜로써 바라밀을 이루게 하는 원천이요 샘'이라고 풀이할 수 있습니다. 이러한 내용을 담은 금강반야바라밀경을 이제부터 차근차근 공부하여, 우리 다함께 피안의 저 언덕, 바라밀의 세계로 나아가도록 합시다.

먼저 경전 제목을 세 번 독송하라

이제 금강경의 본문을 펼칠 때가 되었습니다. 그런데 나는 경을 강설하거나 읽을 때면 옛 스님들께서 하셨던 것처럼 꼭 경전 제목을 세 번 읽고 시작합니다. 불자님들도 같이 따라해 주십시오.

나무금강반야바라밀경
나무금강반야바라밀경
나무금강반야바라밀경

이렇게 경을 세 번 읽게 하는 까닭은 그 속에 한없는 공덕이 있기 때문이며, 그 유래는 다음과 같은 옛 일에서 비롯되었습니다.

✽

송나라 때의 유교학자인 주진사(朱進士)는 유교에 사서삼경(四書三經)이 있다는 것만 알았을 뿐, 불교에 경(經)이 있다는 사실을 40세가 넘도록 모르고 있었습니다.

어느 여름날, 고개 너머에 있는 친구집을 찾아가던 도중에 소나기를 만난 주진사는 옆에 있는 조그마한 암자로 들어갔습니다. 때마침 스님은 방안에서 경을 읽고 있었고, 마루에 걸터 앉아 비 그치기를 기다리던 주진사의 귀에 '대방광불화엄경'이라는 소리가 들려 왔습니다.

'대방광불화엄경? 허, 절에도 경이 있나? 대방광불화엄경이라니?'

궁금하게 여기다가 소나기가 그쳐 친구집으로 찾아간 주진사는 친구에게 물었습니다.

"산골 절에도 경이라는 것이 있는가?"

"이 친구가? 어찌 그리도 무식한 소리를 하는가?"

중국에서는 당시만 하여도 유교와 불교가 한 덩어리를 이루고 있었기 때문에, 유교학자가 불교를 모르면 학자로서의 자격이 없고 승려가 유교를 모르면 중생교화를 할 자격이 없다고 하였을 때였으므로, 친구가 주진사를 '무식쟁이'로 몰아세운 것은 오히려 당연한 경우였습니다. 친구는 계속 이야기했습니다.

"유교의 글은 딱딱하지만 문체의 아름다움과 넓고 깊은 뜻은 불교경전이 훨씬 더하다네. 그뿐인가. 불교에는 팔만대장경이라 하여 경의 숫자도 어마어마하고, 그 이치 또한 매우 심오하다네. 자네도 시간이 나거든 불교 경전을 한 번 읽어보게. 불교가 어떤 것인지 새삼 느낄 것이네."

그와 같은 대화를 나누고 집으로 돌아와서는 불경에 대한 생각을 놓고 있었습니다. 두 달 가량이 지나 가을 추수를 할 무렵, 주진사도 들로 나가 일꾼들이 추수를 하는 것을 구경하고, 집으로 돌아와 점심밥을 잘 먹고는 마루에 누워 숨을 거두었습니다.

하지만 죽은 주진사는 죽었다는 생각이 전혀 없었습니다. 그는 마루에 누웠다가 일어나서 신을 신고 자기 집 뒷뜰로 갔습니다. 그런데 그 뒷뜰에 전에 보지 못하였던 아름다운 누각이 있는 것이었습니다.

"하―, 분명히 우리집 뒷뜰인데 언제 이런 누각을 지었을까?"

그때 누각 위로부터 대화를 나누는 소리, 웃음소리, 풍악소리가 들려와 살그머니 올라섰습니다. 누각 위에는 비단 옷을 입은 젊은 신선 4명이 있었으며, 주위에는 시동(侍童)과 무희들이 있었습니다. 또한 젊은 신선 4명 중 2명은 바둑을, 2명은 훈수를 두고 있었습니다.

평소에 바둑을 매우 좋아하였던 주진사는 신선들의 묘수에 빠져 넋을 잃고 바라보았고, 판이 끝난 다음에도 그 자리를 떠나지 못하고 있었습니다. 그때 바둑을 두던 젊은 신선이 물었습니다.

"당신도 한 판 두시겠습니까?"

"좋지요!"

"이 바둑을 두려면 내가 입고 있는 이 옷을 꼭 입어야 합니다."

바둑을 두고 싶은 생각만이 가득하였던 주진사는 젊은 신선이 벗어주는 비단옷을 받아 오른쪽 팔을 끼웠습니다. 순간 난데없이 허공으로부터 벽력같은 소리가 들려왔습니다.

"대방광불화엄경의 소리를 듣고 몇 차례 흥얼거려 본 사람이 어찌 그런 옷을 입느냐!"

그 소리에 놀라 깨어나보니, 가족들이 통곡을 하며 주진사의 육신을 입관(入棺)하고 있는 중이었습니다. 주진사에게는 바둑 한 판을 두는 동안이었지만 인간의 시간으로 3일만에 깨어난 것입니다. 가족들은 기적같은 환생에 기쁨의 울음을 터뜨렸으나, 주진사에게는 풀리지 않는 의문만이 궁금할 뿐이었습니다.

'분명히 우리집 뒷뜰에서 누각을 보았고, 그 안에 신선들이 있었는데?'

주진사는 뒷뜰로 가보았습니다. 그곳에는 타작한 볏짚이 질서정연하게 쌓여 있었고, 그 위에 개가 올라가 네 마리의 새끼를 낳았으며, 그 중 한 마리는 죽어있었습니다.

유교학자였던 주진사는 이에 대한 풀이를 하지 못하고 마음 속으로만 간직하였다가, 후일 정승을 지냈고 도를 깨달았다는 무진거사 장상영을 만났을 때 자신의 이야기를 털어놓았습니다. 그러자 무진거사는 웃으며 말하였습니다.

"당신은 '대방광불화엄경'의 덕을 많이도 보았구려. 그때 비단옷을 입었으면 틀림없이 강아지가 되었을 것이오. 개의 자궁이 훌륭한 누각으로 보인 것은 당신의 업과 맞았기 때문인데, '대방광불화엄경'을 읊는 소리를 듣고 스스로 몇 번 읊은 공덕 덕분에 강아지가 될 것을 면한 것이오."

죽은 줄도 모르고 죽은 주진사. 어미개의 몸이 화려한 누각으로 보이고 강아지의 몸이 신선으로 보였던 주진사처럼, 죽고 난 다음에는 자기의 업에 따라 다시 태어날 인연처가 그렇게 좋게 보일 수가 없는 것입니다.

그런데 주진사가 신선의 비단옷을 받아 입으려는 순간, 허공으로부터 호통을 치는 소리가 들려와 환생을 할 수 있었습니다. 대신 한 마리의 강아지는 죽은 채 태어났고…. 과연 이렇게 된 까닭이 무엇입니까? '대방광불화엄경'을 몇 차례 외운 덕분이었습니다.

이처럼 경의 제목을 외우는 공덕은 매우 큽니다. 그래서 어떠한 경전이든 본문을 읽기 전에, 세 번 경제목을 읽으라고 한 것입니다. 이것은 나의 주장이 아닙니다. 수십년 전까지만 하여도 강원에서 아침저녁으로 경을 읽거나 연구를 할 때는 전 대중이 꼭 경제목을 세 번씩 읽고 시작하였습니다. 그것도 경제목 앞에 '나무'를 붙여서 말입니다.

그러므로 절에서나 집에서나 금강경·화엄경·지장경·반야심경 등의 어떠한 경전을 독송하든지 간에, 꼭 '나무금강반야바라밀경·나무대방광불화엄경·나무지장보살본원경·나무마하반야바라밀다심경' 등의 경제목을 3번씩 염송하도록 하십시오. 경의 제목은 그 경전 내용의 핵심을 담고 있으므로 공덕이 더욱 크다는 것을 마음에 새겨, 꼭 3번씩 독송하시기를 당부드립니다.

이제 금강경 본문을 살펴봅시다.

금강반야바라밀경
金剛般若波羅蜜經

法會因由分 第一
법회인유분 제일

如是我聞하사오니 一時에 佛이 在舍衛國祇樹給孤獨園하사 與大比丘衆千二百五十人과 俱러시니 爾時에 世尊이 食時에 着衣持鉢하시고 入舍衛大城하사 乞食하시되 於其城中에 次第乞已하시고 還至本處하사 飯食訖하시고 收衣鉢하시며 洗足已하시고 敷座而坐하시다

이와 같이 나는 들었다.
어느 때 부처님께서는 사위국의 기수급고독원에서 천이백오십 인의 큰비구 제자들과 함께 계시었다. 이날도 세존께서는 공양시간이 되자, 가사를 입으신 뒤 바루를 들고 사위성으로 가셔서 한집 한집 차례대로 밥을 빌어 마치시고 본처로 돌아와 공양을 하시었다. 그리고 가사와 바루를 제자리에 정돈해 놓으시고 발을 씻은 다음 자리를 펴고 앉으셨다.

모든 경전은 논문의 서론·본론·결론에 해당하는 서분(序分)·정종분(正宗分)·유통분(流通分)의 세 단락으로 구성되어 있습니다. 이 법회인유분은 서분으로, 누가·언제·

어디서·누구에게·무엇에 관해 이 경전을 설하는가 등을 밝힌 부분입니다. 먼저 본문부터 살펴봅시다.

　이 본문의 구절을 한문으로 읽을 때 한 가지 주의해야 할 점은 '食'의 발음입니다. '食'이 '식'과 '사'의 두 가지로 발음되기 때문입니다. 곧 '爾時世尊이 食時'라고 할 때는 '식시'라 발음하고, 그 다음의 '乞食'은 '걸식'이 아니라 '걸사'로 읽어야 합니다. '음식'을 얻으러 갔다고 하면 걸식이고, '밥'을 얻으러 갔다고 하면 걸사입니다. 마시고 먹을 때는 '먹을 식(食)'이 되고, 밥이라고 하면 '사'라고 발음하는 것입니다. 따라서 그 아래의 '飯食訖'도 반식흘이 아니라 반사흘로 읽어야 합니다. 밥을 먹어 마치셨기 때문입니다. 이제 본문의 뜻을 새겨봅시다.

　금강경뿐만 아니라 모든 불교의 교리와 이론과 실천들, 경전공부·염불·화두·주력 모두가 이 서분의 40글자 안에 모두 포함되어 있습니다. 이 서분의 내용을 곰곰이 음미해 보십시오.

　밥을 드실 시간이 된 부처님은 그 나라 그 당시의 풍속대로 가사를 입으시고 바루를 갖고 밥을 얻으러 나갔습니다. 밥을 얻으신 다음 길거리에서 드실 수 없으므로 기수급고독원으로 돌아와 밥을 드셨으며, 밥을 잡수셨으니 입으셨던 가사를 벗고 바루를 씻고 맨발로 다녔던 발을 씻고 자리에 앉았습니다.

　이것이 무엇입니까? 꾸밈도 없고 거짓도 없고 그 이상도 그 이하도 없는 행(行)! 이것이 바로 불교의 진리입니다. 밥을 먹을 때가 되었으니 밥을 먹고, 밥을 먹었으니 양치질하고 손씻고 자리에 앉는 것! 밥을 먹는 데 있어 이 이상 무슨 꾸밈이 필요합니까? 그 이상도 그 이하도 아닌 있는 그대로를 표현한 이것이 바로 불교 전체입니다.

경전을 보고 화두를 들고 염불을 하고 기도를 하고 절을 하는 까닭은 이것 하나를 마무리하기 위한 것일 뿐, 그 이상도 그 이하도 아닙니다. 거짓을 붙일래야 붙일 수가 없고 어떠한 꾸밈 또한 없는 여기에서 금강경의 대의가 끝나고, 여기에서 불교수행의 대의가 끝납니다.

이것만 똑똑히 알고 이대로만 실천이 되면 구태여 불교라는 말을 붙일 필요도, 불교가 아니라는 말을 붙일 필요도 없습니다. 여기에는 도교·유교·기독교라는 말도 붙일 필요가 없고, 아무런 말도 붙일 필요가 없습니다.

실로 부처님은 이것 뿐입니다. 이 가운데에 대우주가 다 들어있고, 대우주의 진리가 다 표현되어 있고, 부처님께서 한 평생동안 설하신 진리가 다 들어있건만, 이것을 알지 못하는 중생들은 긁어 부스럼을 만들고, 수보리존자도 따라서 풍파를 일으킵니다. 아무 것도 모르는 중생들을 위하여 풍파를 일으킵니다. 어떻게 풍파를 일으키는가? 금강경의 다음 구절을 읽어봅시다.

善現起請分 第二
선현기청분 제이

時에 長老須菩提-在大衆中하시다가 卽從座起하사 偏袒右肩하시며 右膝着地하시고 合掌恭敬하사와 而白佛言하사대 希有世尊하 如來-善護念諸菩薩하시며 善付囑諸菩薩하시나니 世尊하 善男子善女人이 發阿耨多羅三藐三菩提心하노니 應云何住며 云何降伏其心하리잇고

佛言하사대 善哉善哉라 須菩提야 如汝所說하야 如來-善護念諸菩薩하시며 善付囑諸菩薩하시나니 汝今諦聽하라. 當爲汝說하리라. 善男子 善女人이 發阿耨多羅三藐三菩提心한다 하여 應如是住하며 如是降伏其心이니라 唯然世尊하 願樂欲聞하노이다

그때, 장로 수보리존자가 대중과 함께 있다가 자리에서 일어나 오른쪽 어깨에 옷을 벗어 매고 오른쪽 무릎을 꿇어 합장하며 부처님께 아뢰었다.

희유하옵니다. 세존이시여. 여래께서는 언제나 모든 보살들을 잘 보살펴 주시며, 모든 보살들에게 잘 당부하고 계십니다.

세존이시여! 선남자 선여인들이 아뇩다라삼먁삼보리심을 발한 다음, 마땅히 어떻게 그 마음을 유지하여야 하며, 어떻게 그 마음을 항복받아야 하나이까?

부처님께서 말씀하셨다.

착하고 착하도다. 수보리여. 네 말과 같이 여래는 모든 보살들을 두루 잘 보살피며, 모든 보살들에게 언제나 잘 당부하느니라. 너희는 이제 자세히 들으라. 내 너희를 위해 설해 주리라. 선남자 선여인들이 아뇩다라삼먁삼보리심을 낸 다음에는 마땅히 이와같이 그 마음을 유지하고, 이와같이 그 마음을 항복받아야 하느니라.

그러하옵니다. 세존이시여. 원컨대 기쁜 마음으로 듣고자 하옵니다.

부처님의 10대 제자 중 해공제일(解空第一)인 수보리존자. 공(空)의 이치를 가장 잘 아는 수보리존자가 부처님의 참뜻을 눈치채지 못할 이가 아니었기에 부처님께 여쭈었습니다. 그 내용을 조금 풀어서 이야기해 봅시다.

"부처님, 거룩하십니다. 당신께서는 모든 사람들에게 처음부터 끝까지 다 가르쳐주셨습니다. 모든 것을 다 가르쳐주셨고, 모든 보살들을 잘 보호해 주셨습니다."

수보리존자가 이렇게 말할 수 있었던 것은 부처님의 참뜻을 알고 있었기 때문입니다. 알고 있었기 때문에 부처님의 거룩함, 부처님의 가르침에 대한 고마움을 이렇게 표현한 것입니다. 그러나 알지 못하고 깨닫지 못하는 중생들을 위하여 수보리존자는 부처님께 여쭈었습니다.

"부처님, 선남자 선여인이 아뇩다라삼먁삼보리심을 발하였으면, 정녕 어떻게 그 마음을 유지해야 하며, 어떻게 그 마음을 항복받아야 하나이까?"

이것이 금강경의 핵심입니다. 이 질문에 대한 답이 금강경 전체의 내용입니다. 내가 발하는 마음! 내가 유지하여야 할 마음! 내가 항복받아야 할 마음!

나는 불자들에게 늘 아뇩다라삼먁삼보리심, 보리심을 먼 곳에다 갖다 붙이지 말 것을 당부드립니다. 앞에서도 이야기하였듯이, 그것은 일상생활 속에서의 나의 마음가짐, 나의 실천 속에 있습니다. 부모 자식간의 대화와 행동, 부부 사이의 대화와 행동, 형제간의 대화와 행동 속에서 보리심을 발하여 바라밀을 이루어야 합니다.

구태여 멀리까지 갖고 가서, 꼭 생사의 바다를 건너 도를 깨쳐야 하느니 못하느니 하는 등의 망상을 일으키지 마십시오. 오히려 그 망상이 공부를 방해하고 그 망상 때문에 엉뚱한 쪽으로 가게 됩니다.

일상생활 속에서, 나의 마음가짐과 대화와 실천 중 잘못된 것이 있으면 아무리 괴롭고 힘들어도 고쳐나가야 합니다. 가족을 위해 이바지하는 일이 아무리 괴로울지라도, 극복을 하면서 한결같이 나아가야 합니다.

그야말로 보리심은 가까운 곳에서부터 내어야 합니다. 그래서 나는 절에 다니는 어머니들에게, '축원 속에서 밥을 하고 빨래를 하라'고 부탁을 드리는데, 그것을 실천하는 어머니들이 좀처럼 보이지를 않습니다. 빨래를 할 때마다 축원을 하십시오.

"빨래를 할 때 모든 때가 떨어져 나가듯이, 이 옷을 입는 분에게서 모든 액운이 떨어져 나가지이다."

매일매일 반찬을 하고 밥을 할 때도 축원을 하십시오.

"내 손으로 지어드리는 이 음식을 잡수시는 분들이 모두 건강하시고 당신들의 바라는 바가 이루어지이다."

축원은 돈이 드는 것도 아니요 힘이 드는 것도 아닙니다. 오직 마음만 있으면 할 수 있는 것이 축원입니다. 만약 이렇게 간단한 축원도 실천에 옮기지 못하는 어머니라면, 어떻게 남편을 위한 기도나 아들딸을 위한 기도를 제대로 할 수 있겠습니까?

축원 속에서 지어드리는 밥은 양약(良藥)이 되지만, 불평불만을 가득 품고 만드는 음식은 남편이나 아들딸에게 독약이 됩니다. '나'의 욕심과 불평불만이 '나'의 손끝을 통해 음식에 전달되고 빨래에 노출되기 때문에, 어머니들의 마음가짐은 참으로 중요하기 짝이 없는 것입니다.

그런데도 축원을 제대로 하는 이가 드물고, 축원을 하려는 생각조차 하지 않는 어머니들이 많습니다. 축원이 행복과 해탈의 원동력이 되는데도….

　이 축원의 경우처럼, 부처님의 가르침은 너무나 실천하기가 쉽습니다. 오히려 너무 쉽기 때문에 먼 데서 찾는지도 모릅니다. 결코 부처님의 가르침을 어렵다고 생각하지 마십시오. 너무 쉽고 너무 가까이에 있는 것이 불교입니다.

　아직도 이해가 되지 않는다면 한 가지만 묻겠습니다. '나'의 마음이 멀리 있습니까? 물론 대답은 '아니다'일 것입니다. 수보리존자가 부처님께 질문한 요지 또한 너무나 가까이에 있는 '나'의 마음입니다.

　발아뇩다라삼먁삼보리심, 곧 바른 마음 밝은 마음 참된 마음을 낸 사람이 어떻게 그 마음을 다스려야 하는가? 어떻게 그 마음을 유지해야 하는가?

　실로 이토록 가까이에 있는 '나'의 마음인데도, 이 마음은 한결같이 유지가 되지 않습니다. 끊임없이 흔들리고 방황하고 흘러갑니다. 그런데도 '나'의 게으름이나 순간적인 잡념 등을 항복시키는 노력없이 살아갑니다.

　그래서 수보리존자가 부처님께 '어리석은 중생들이 어떻게 그 마음을 유지하고 그릇된 마음을 항복받아야 됩니까?' 하고 여쭌 것입니다. 이에 부처님께서는 다음과 같은 답을 하셨습니다.

　"너희는 이제 자세히 들으라. 내 너희를 위해 설해주리라.

선남자 선여인들이 아뇩다라삼먁삼보리심을 낸 다음에는 마땅히 이와같이 그 마음을 유지하고, 이와같이 그 마음을 항복받아야 하느니라."

'아뇩다라삼먁삼보리심, 곧 향상하려고 하는 그 마음을 어떻게 유지하고 어떻게 그 마음을 항복받습니까?'라는 질문에 대해, 부처님께서는 '이와같이 그 마음을 유지하고 이와같이 그 마음을 항복받아라'고 하셨습니다.

참으로 묘한 답변처럼 들리지요? 그러나 대답의 뜻은 간단합니다. 그 마음을 내었을 때처럼 지키고, 그 마음을 내었을 때처럼 실천하라는 것입니다. 방법이 따로 있는 것이 아닙니다. 발원한 그 마음을 그대로 유지하고, 그 마음을 내었을 때 그대로 실천하라는 것입니다. 부모에게나 배우자·아들딸에게나 사회생활 속에서 그대로 하면 된다는 것입니다. 그 이상도 그 이하도 없이 그렇게 살면 된다는 답을 주신 것입니다.

곧 여시여시(如是如是), '이와 같고 이와 같음'을 잘 알고 실천하면 아뇩다라삼먁삼보리심을 그대로 간직하고 지켜나갈 수 있게 된다는 것을 일깨워 준 것입니다.

이 서분(序分)의 깊은 뜻은 아무나 알 수 있는 것이 아닙니다. 그러나 잘 모르겠다고 하여 실망하실 것은 없습니다. 제3분부터 시작되는 금강경의 정종분(正宗分)에서 보다 자세하게 밝혀가기 때문입니다.

大乘正宗分 第三
대 승 정 종 분 제 삼

　　佛告 須菩提하사대 諸菩薩摩訶薩이 應如是降伏其心이니 所有一切衆生之類 - 若卵生 若胎生 若濕生 若化生 若有色 若無色 若有想 若無想 若非有想 非無想을 我皆令入無餘涅槃하야 而滅度之하리니 如是滅度無量無數無邊衆生호대 實無衆生이 得滅度者라 何以故오 須菩提여 若菩薩이 有我相 人相 衆生相 壽者相하면 卽非菩薩이니라

　　부처님께서 수보리에게 말씀하셨다.
　　모든 보살마하살들은 마땅히 이와 같이 그 마음을 항복받아야 할 것이니, 이른바 온갖 중생들, 곧 난생(卵生)·태생(胎生)·습생(濕生)·화생(化生)의 중생과 형태가 있는[有色] 중생·형태가 없는[無色] 중생, 생각이 있는[有想] 중생·생각이 없는[無想] 중생, 생각이 있는 것도 아닌[非有想] 중생·생각이 없는 것도 아닌[非無想] 중생 모두를 나는 무여열반(無餘涅槃)에 들어 해탈하게 하느니라. 이와 같이 한량없고 수가 없고 끝이 없는 중생을 해탈시키지만, 실은 한 중생도 해탈을 얻게 하였다는 생각이 없느니라.

무슨 까닭인가? 수보리여, 만약 보살에게 아상(我相)·인상(人相)·중생상(衆生相)·수자상(壽者相)이 있다고 한다면, 그는 진정한 보살이라 할 수 없기 때문이니라.

제1분과 제2분은 금강경의 서분이요, 제3「대승정종분」부터가 본론에 해당하는 정종분(正宗分)입니다.

서론에서 수보리존자가 '어떻게 보리심을 유지하고 어떻게 마음을 항복받아야 하는가'를 여쭌 데 대해, 제3「대승정종분」에서는 '마음을 항복받는 방법'에 대해 설하십니다. 먼저 본문에 나오는 10가지 중생의 유형과 무여열반, 아상·인상·중생상·수자상 등의 단어에 대한 뜻부터 살펴봅시다.

불교에서는 중생이 생(生)을 받는 유형을 난(卵)·태(胎)·습(濕)·화(化)·유색(有色)·무색(無色)·유상(有想)·무상(無想)·비유상(非有想)·비무상(非無想)·비유색(非有色)·비무색(非無色)의 12가지 유형으로 분류합니다. 이들 12류(類)의 중생 가운데 비유색과 비무색 중생은 마음 자체가 없으므로, '그 마음을 어떻게 유지하고 그 마음을 어떻게 항복받는가'를 주제로 삼은 금강경에서는 이 둘을 제외하고, 마음을 지닌 10가지 중생만 열거한 것입니다.

① 난생(卵生) : 물고기나 새들처럼 알에서 태어나는 중생
② 태생(胎生) : 사람·소·말 등과 같이 어미의 뱃속에서 사지가 갖추어져 출생하는 포유동물

③ 습생(濕生): 모기·귀뚜라미 등과 같이 습지에서 생겨나는 생물
④ 화생(化生): 남의 몸을 의지함이 없이 홀연히 태어나는 존재. 천상이나 지옥에 나는 중생도 여기에 속함
⑤ 유색(有色): 삼계(三界)의 중생 중 형태를 갖추고 있는 욕계(欲界)와 색계(色界)의 중생
⑥ 무색(無色): 삼계의 중생 중 형태가 없는 무색계(無色界)의 중생
⑦ 유상(有想): 사람·천인·귀신 등과 같이 생각이 있는 중생
⑧ 무상(無想): 무상정(無想定)을 닦아 모든 생각을 끊어 버린 외도(外道)
⑨ 비유상(非有想): 맑음과 더러움, 사랑과 미움 등의 상대적인 모습에 집착을 하지 않는 존재
⑩ 비무상(非無想): 집착은 없으되 아직 구하는 바가 있는 존재

금강경에서는 이러한 중생 모두를 부처님께서 무여열반으로 인도하여 해탈을 시킨다고 하였습니다.

무여열반(無餘涅槃)! 불교의 이상인 열반에는 유여열반(有餘涅槃)과 무여열반의 두 종류가 있습니다.

유여열반은 '남음이 있는 열반'으로, 모든 번뇌를 끊어버리고 다시는 생사윤회를 하지 않게 되었지만, 아직은 주름이

지고 머리가 희어지고 늙어가는 몸을 지니고 있는 경우입니다. 석가모니 부처님께서 35세로 성불하신 그때가 유여열반에 해당하며, 중생들과 고락을 함께 하면서 마지막 한 중생까지 제도하고자 하는 대보살들 또한 스스로 유여열반을 택합니다.

이에 비해 무여열반은 번뇌를 완전히 끊었을 뿐 아니라 몸까지도 모두 없애어 더이상 남은 것이 없는 열반, 곧 영원한 진리에로 되돌아가 진리와 일체(一體)가 된 상태를 가리킵니다.

부처님께서는 수없이 많고 많은 중생, 끝이 없는 중생을 이러한 무여열반의 세계로 인도하여 완전히 해탈할 수 있도록 하십니다. 그런데도 부처님께서는 '한 중생도 해탈을 얻게 하였다는 생각이 없다'고 하셨습니다. 왜 그렇게 말씀하신 것일까요? 부처님께서는 곧바로 답을 주셨습니다.

"만약 보살에게 아상(我相)·인상(人相)·중생상(衆生相)·수자상(壽者相)이 있다고 한다면, 그는 진정한 보살이라 할 수 없기 때문이니라."

아상·인상·중생상·수자상! 이 넷을 4상(四相)이라고 하며, 이 4상이 없어야 무상보리(無上菩提; 위없는 깨달음)를 이루는 대보살이나 부처가 될 수 있습니다. 바꾸어 말하면, 이 4상이야말로 해탈을 얻지 못하게 하는 최대의 장애입니다. 그러므로 4상이 없는 부처님께서는 무량·무수·무변의 중생을 열반의 세계로 인도하시고서도, '한 중생도 해탈을 얻게 하였다'는 생각을 하지 않으시는 것입니다.

그럼 4상은 구체적으로 어떠한 것인가? 금강경 해설의 최고 권위자이신 육조(六祖) 혜능대사(慧能大師)께서는 다음과 같이 설하셨습니다.

① 아상(我相): 미혹한 사람이 '나는 재보와 학문이 있으며 좋은 족성(族姓)에 속하노라' 하면서 교만을 부리고 모든 사람들을 경시하는 것
② 인상(人相): 인의예지신(仁義禮智信)을 행한다 할 지라도 그 생각이 거만함과 자만심이 있어 두루 존경을 하지 않고, '내가 깨달아 행하는 인의예지신은 너를 존경하는 것과는 일치하지 않는다'고 하는 것
③ 중생상(衆生相): 좋은 일은 자기에게로 돌리고, 나쁜 일은 다른 사람에게 주는 것
④ 수자상(壽者相): 경계, 곧 대상에 대해 취사 분별을 하는 것

이를 범부의 4상이라 한다.

我相: 迷人恃有財寶學問族姓 輕慢一切人 名我相
人相: 雖行仁義禮智信而意高自負 不行普敬 言我解行仁義禮智信 不合敬余 名人相
衆生相: 好事歸已 惡事施人 名衆生相

壽者相：對境取捨分別 名壽者相

是謂凡夫四相

수행인에게도 4상이 있다.
① 아상: 마음에 나와 너는 다르다는 생각으로 중생을 경천히 여기고 교만한 것
② 인상: 스스로 계를 지키고 있음을 자랑하고 파계한 자를 가볍게 생각하는 것
③ 중생상: 삼악도(三惡道)의 고통을 싫어하고 천상계에 태어나기를 원하는 것
④ 수자상: 오래 사는 것을 좋아하여, 복업(福業)을 부지런히 닦아 모든 집착을 잊지 않는 것

修行人亦有四相

我相：心有能所 輕慢衆生

人相：自恃持戒 輕破戒者

衆生相：厭三塗苦 願生諸天

壽者相：心愛長年而勤修福業 諸執不忘

이렇게 육조스님께서는 범부와 수행인의 4상을 구분하여 명쾌하게 정의를 내렸습니다. 그리고 마지막 구절에서, "4상이 있으면 중생이요 4상이 없으면 부처님이다(有四相卽是衆生 無四相卽是佛)"고 하셨습니다. 이 말씀은 '마음이 미하면

중생이요 마음을 깨달으면 곧 부처'라고 하신 것과 그대로 통합니다.

그렇다면 무엇이 있을 때 마음이 미하게 되고 무엇이 없어질 때 깨달음의 마음이 모습을 나타내게 되는가? 다 알고 계시겠지만, 그 무엇은 바로 아상·인상·중생상·수자상의 4상(四相)입니다. 부처님께서는 4상이라는 그릇된 마음을 항복받아야 위없는 깨달음을 성취한다고 하셨습니다.

'4상을 없애어 그 마음을 항복받아라. 아상·인상·중생상·수자상 없이 살아가라. 그렇게 살면 위없는 깨달음을 저절로 이룰 것이다. 그러나 4상이 있으면 아무리 애를 써도 그릇된 마음을 항복시킬 수가 없고, 절대로 열반의 경지로 나아가지 못하게 된다.'

부처님께서는 바로 이것을 강조하신 것입니다. 그런데 우리는 어떠합니까? 4상 중 첫번째인 아상(我相)의 구덩이에 빠져 살고 있습니다.

'내가 ~을 했어', '내가 ~을 할 거야.'

한평생을 절에 다녀도 이것 하나를 항복받지 못하는 불자들이 많습니다. 이것이 깨달음의 길을 가로 막아버리는데도….

❋

527년, 달마대사(達磨大師)께서 천축국으로부터 중국 남방에 이르자, 양나라의 무제(武帝)는 대사를 수도인 남경(南京)으로 초빙하였습니다. 독실한 불자였던 무제는 인사를 끝내기가 바쁘게 달마대사께 물었습니다.

"내가 즉위한 이래 무수히 많은 절을 짓고 여러 가지 경전을 만들어 유포하였습니다. 그리고 신하들과 백성들에게 출가할 것을 권하였고, 수많은 승려들에게 공양을 올렸습니다. 그 공덕이 과연 얼마나 되겠습니까?"

"공덕이 전혀 없습니다."

왜 달마대사는 양나라 무제에게 '공덕이 없다'고 하셨을까요? '내가 ~을 했다'는 생각에 사로 잡혀 있는 이상에는 위없는 깨달음과는 무관하기 때문에 '공덕이 전혀 없다'고 한 것입니다.

양무제뿐만이 아닙니다. 우리 또한 마찬가지입니다. 불사를 하거나 시주를 하거나 사회봉사를 하고 난 다음에 '내가 ~을 했다'는 마음이 붙게 되면 공덕이 없습니다. 조그마한 복을 쌓을지언정, 깨달음을 이루는 공덕과는 무관합니다.

금강경의 가르침은 바로 '이와 같은 마음을 항복 받아라'는 것입니다. '나는 ~을 한다', '내가 ~을 했다'는 자랑 섞인 그 마음없이 하는 것이야말로 '위없는 깨달음〔無上菩提〕을 방해하는 그 마음'을 항복받는 방법이요 항복받았다는 증거입니다.

금강경을 공부하는 불자들이여, 불교를 위해 부처님을 위해 또 남을 위해 말할 수 없이 좋은 일을 하였을지언정, 그것을 알리고 자랑하고 싶어 못 견뎌하는 그 마음부터 항복받으십시오. '내가 ~을 했다', '나는 ~을 한다'는 자랑이 일어나지 않도록 마음을 잘 다스려야 합니다.

보시를 하였으되 '내가 ~을 했다'는 생각이 이어지지 않도록 마음을 항복받고, 불교 단체의 간부를 맡더라도 '내가 절이나 이 모임에 ~을 한다'거나 '~을 했다'는 상(相)이 없도록 그 마음을 항복받아야 합니다.

가정생활에서도 마찬가지입니다. 부모로서 아들딸에 대해 '내가 너의 엄마다'라는 생각이 없도록 그 마음을 항복받고, '아들에게 어떻게 해줬다', '딸에게 어떻게 해줬다'는 마음을 항복받아야 합니다.

이러한 마음을 항복받지 못하면 늙어 힘이 없어질 때 '섭섭하다', '괘씸하다'는 생각이 붙고, 심지어는 억울함과 실망감 속에서 자식과 원수처럼 지내거나 극단의 길을 택하는 경우도 많이 있습니다.

❀

대전의 한 여인은 트럭 운전기사와 결혼을 하여 딸 셋에 아들 하나를 두었습니다. 그러나 트럭 운전기사를 하는 남편의 봉급으로는 네 명의 자식을 키우며 살기가 너무나 힘이 들었습니다. 그녀는 친구들에게 돈을 빌려 땅장사와 집장사를 시작하였고, 그렇게 번 돈으로 자식들을 교육시키고 집까지 마련하였으며, 마침내 큰딸을 서울대학교 대학원까지 졸업시키고 결혼도 시켰습니다.

그런데 IMF가 터지면서 가지고 있던 땅들도 팔리지 않고 돈도 융통이 되지 않았습니다. 그동안 빌려 쓴 돈을 내어 놓으라며 친구들과 은행에서는 극성을 부렸습니다. 혼자 고민을 하다 지친 그녀가 남편에게 답답함을 털어놓자 남편은 두 손부터 들었습니다.

"평생을 당신 혼자 알아서 해 왔는데 지금 나에게 말하면 어떡하오? 내게 무슨 능력이 있소?"

그녀는 다시 결혼한 큰 딸을 찾아갔습니다. 대학원까지 나온 딸이니 해결은 못해줄망정 위로라도 받을까 하여 찾아간 것입니다. 그런데 어머니의 사연을 들은 딸의 첫마디는 너무나 달랐습니다.

"엄마가 나에게 해준 것이 무엇이 있기에 빚타령을 하는 거야?"

"너 하나를 희망으로 삼고 갖은 고생 다하며 키웠는데, 해준 것이 무엇이냐고?"

"그래! 엄마가 해준게 뭐야?"

딸이 악을 품고 달려들자 그녀는 세상이 무너지는 듯 하였습니다.

'아, 내가 그토록 힘들게 살아온 것은 저 아이들을 잘 키우기 위한 것이었는데…. 남편에게는 원망을, 자식들에게는 공격만 당하다니….'

그녀는 섭섭하고 괘씸한 마음에 유서를 쓰고 자살을 하였습니다.

이 이야기를 읽고 '그녀보다는 큰딸과 남편이 나쁘다'는 이들도 많을 것이고, '오죽 하였으면 자살까지 택하였을까' 하며 동정을 하는 이들도 많을 것입니다. 물론 그와 같은 동정은 당연합니다. 그러나 냉철하게 생각을 해 보십시오.

대부분의 사람들은 처음부터 끝까지 '나'의 욕심에서 출발하여 '나'의 욕심 속을 파드득 거리다가 죽어갑니다. 아들 딸들에 대해서도 자신이 기울인 노력만큼이나 자부심과 기대를 갖습니다. 정녕 아들딸들을 다 키운 다음, '나하고의 인연이 있어 교육을 시켰고 부모로서의 일을 마쳤다'며 손을 터는 부모가 있습니까?

이렇게 손을 털지 못하면 노년이 되어 자신이 좋지 못한 환경에 처하게 될 때 아들딸에 대해 섭섭해하고 원망을 합니다. 왜 그러합니까? 바로 '했다'는 생각이 붙어있기 때문이요 댓가를 바라는 생각이 붙어있기 때문입니다. 이 이야기 속의 여인도 마찬가지입니다. '했다'는 생각, 그리고 '기대'가 섭섭함과 괘씸함으로 이어지면서 자살이라는 비극을 초래한 것입니다. 나는 법회 때 다음과 같은 말을 자주 합니다.

"나이 많은 할머니 할아버지들은 아들집이나 손자집에 제사밥 얻어먹으러 가겠다는 생각을 하지 마십시오. 절대로 하지 마십시오. 그리고 다 자란 아들딸이나 손자들의 걱정도 하지 마십시오. 참으로 아들딸을 위하고 손자를 위한다면, 한평생을 살면서 부모·시부모·형제·자식·남편 아내와 맺혔던 얽히고 설킨 감정을 확 풀고 가야합니다. 여러분의 가슴 속에 수십 년 얽히고 설켰던 감정들, 미웠던 생각, 섭섭했던 생각, 괘씸했던 생각들이 떨어져 나가면, 염불 한 마디 하지 않아도 저절로 극락에 갑니다. 그리고 여러분의 자식들은 저절로 행복하게 됩니다.

지금 살아계신 여러분들은 '내 아들이다, 내 딸이다, 내 남편 아내다'가 있지만, 육체와 영혼이 떨어지는 그 순간부터 '내 아들, 내 딸, 내 남편, 내 아내'는 없습니다. 이들에게서 받은 섭섭함, 괘씸했던 행동, 얄미웠던 것들만이 남아 부딪히게 되며, 그 때문에 여러분의 후손들은 여러분들 때문에 고통을 받게 됩니다. 부디 모든 기대와 집착을 비워버리십시오."

진실로 훌륭한 아버지 어머니가 되려면, 부모로서의 최선을 다하되 '해준다', '해줬다'는 생각을 붙이지 말아야 합니다. '내가 아들딸에게 이렇게 저렇게 해줬다'는 그 마음을 항복받아야 합니다. 그 마음을 항복받지 못하면 노년에 괄세를 받을 때 '섭섭하고 괘씸하다'는 생각이 붙지 않을 수 없습니다.

하물며 '노년이 되면 아들딸에게 의탁하리라'는 집착을 그냥 둘 수 있겠습니까? 반드시 그 마음을 항복받아야 합니다. 아들딸뿐만이 아니라, 내외 사이, 형제 사이, 부모와 친구 사이에 있었던 모든 계산상의 마음들을 항복받아야 합니다.

부처님께서는 일체 중생을 제도하고서도 '내가 제도했다'는 마음이 없었으며, 그 마음이 없었기 때문에 부처가 되셨습니다. 그래서 부처님께서는 불자들에게 부처가 되려면 '~을 했다는 마음부터 항복받아라'고 하신 것입니다.

불자들이여, '나는 ~을 한다', '내가 ~을 했다'는 이 아상(我相) 하나만이라도 잘 항복받아보십시오. 그렇게 되면 마음의 평화가 깃들고 행복이 저절로 찾아들며, 해탈의 문 또한 열리게 됩니다. 그리고 이러한 금강경의 가르침을 잘 수용하면, 참으로 즐겁고 자유로운 삶을 만끽하게 됩니다.

妙行無住分 第四
묘행무주분 제사

　復次須菩提여 菩薩이 於法에 應無所住하야 行於布施니 所謂不住色布施며 不住聲香味觸法布施니라 須菩提여 菩薩이 應如是布施하야 不住於相이니 何以故오 若菩薩이 不住相布施하면 其福德을 不可思量이니라

　須菩提여 於意云何오 東方虛空을 可思量不아

　不也니이다 世尊하

　須菩提여 南西北方四維上下虛空을 可思量不아

　不也니이다 世尊하

　須菩提여 菩薩의 無住相布施福德도 亦復如是하야 不可思量이니라 須菩提여 菩薩이 但應如所敎住니라

　또 수보리여, 보살은 마땅히 그 어디에도 머무는 바 없이 보시를 해야 하나니, 이른바 모양에 얽매임없이 보시를 해야 하며, 소리나 냄새나 맛이나 감촉이나 생각에 얽매임없이 보시를 해야 하느니라. 수보리여, 보살은 마땅히 이와 같이 보시하여 어떠한 상(相)에도 집착을 하지 말아야 하느니라. 무슨 까닭인가? 만약 보살이 상에 집착을 하지 않고 보

시를 하면 그 복덕이 가히 헤아릴 수 없이 크기 때문이니라.

수보리여, 네 생각은 어떠하냐? 동쪽 허공의 크기를 가히 헤아릴 수 있겠느냐?

헤아릴 수 없나이다, 세존이시여.

그렇다면 수보리여, 남쪽 서쪽 북쪽 등의 허공과 동남·서남·동북·서북쪽과 위·아래 허공의 크기는 가히 헤아릴 수 있겠느냐?

헤아릴 수 없나이다, 세존이시여.

수보리여, 보살이 상에 집착함이 없이 베푸는 무주상보시(無住相布施)의 복덕 또한 이와 같아서, 가히 헤아릴 수가 없느니라. 그러므로 수보리여, 보살은 마땅히 지금 내가 가르쳐 준 대로 마음을 유지하여야 하느니라.

제3「대승정종분」의 주제는 마음을 항복받는 방법에 대한 것이었습니다. 현재의 생활 속에서 '내가 ~을 한다'는 자랑스런 생각이 일어나지 않도록 그 마음을 항복받고, 무엇을 한 다음에도 '내가 ~을 했다'는 생각에 빠지는 것을 항복받으라는 가르침이셨습니다.

이제 제4「묘행무주분」에서는 스스로가 발한 보리심을 잘 유지하는 방법이 무엇인가에 대해 설하고 계십니다. 먼저 경문의 내용을 요약한「묘행무주분(妙行無住分)」이라는 소제목의 뜻부터 살펴봅시다.

'묘행(妙行)'은 보리행(菩提行)으로, 깨달음을 이루는 행, 부처를 이루는 행, 대우주의 진실한 행이라는 뜻입니다. 그럼 그 행을 어떻게 하여야 깨달음으로 이어지고 대우주의 진실한 행, 법계의 무한복덕과 하나가 되는 행이 될 수 있는가? 그 비결은 '무주(無住)'입니다. 머무름이 없는 행, 곧 집착이 없는 행이어야 합니다.

집착이 없어야 대우주의 진실을 체험할 수 있고, 부처를 이룰 수 있으며, 대우주의 무한복덕과 하나가 된다는 것이 '무주묘행분'의 가르침입니다. 이를 잘 명심하시고 경문의 한구절 한구절을 살펴보도록 합시다.

부처님께서는 '보살이 어떻게 보리심을 유지해야 하는가' 하는 수보리존자의 질문에 대해 다음과 같이 답하셨습니다.

"보살은 마땅히 그 어디에도 머무르는 바 없이 보시를 해야 한다."

부처님께서는 먼저 '머무르는 바 없이〔無所住〕', 곧 집착이 없어야 함을 강조하셨습니다. 그리고는 해탈의 행인 보시·지계·인욕·정진·선정·반야의 육바라밀 가운데 일상 생활과 가장 가까운 보시를 예로 들어 나머지 다섯 가지 해탈법도 적용시키고 있습니다.

베풀어 주시는 보시행(布施行). 부처님께서는 이 보시행을 집착없이 실천하라고 하셨습니다. 그런데 우리는 어떠합니까? 먼 곳의 일은 그만 두고, 우리의 가족을 생각해 봅시다.

가족의 굴레 속에서 우리는 '아버지'라는 집착, '어머니'라는 집착, 저 아이가 '내 자식'이라는 집착으로 살아갑니다. 집착 속에서 우리의 생각과 말과 행동이 이루어지는 것입니다. 그런데 보리의 길, 깨달음의 길, 대우주의 진실한 행은 정반대입니다.

주하는 바 없이, 집착하는 바 없이 모든 일을 행하여야 보리의 길, 해탈의 길로 나아갈 수 있는데, 집안의 일에서부터 집착 하나를 떼내지 못한 채 서로에게 베풀고 있으니 어떻게 거센 파도가 몰아치는 이 고해를 벗어날 수 있겠습니까? 그래서 부처님께서는 '마땅히 집착하는 바 없이 보시를 행해야 한다'고 말씀하신 것입니다.

우리는 가족끼리 서로 사랑하며 살아간다고 합니다. 그리고 사랑이라는 이름으로 서로에게 집착을 합니다. 그러나 그 집착이 사랑으로 베푼 모든 것을 무위로 돌려 놓습니다. 어떤 때는 원결까지 맺어버립니다.

부모들은 흔히 '내 자식놈이 내 말 안 듣고 거역한다'며 아들딸에게 톡톡톡 쏘아 붙입니다. 내가 낳고 기른 자식이어서 만만하고, 부모 자식 사이인지라 이해가 될 것이라 생각하고 함부로 합니다. 그 밑바닥에는 '내 자식이니까 내 마음대로 해도 된다'는 집착이 깔려 있습니다.

하지만 아들딸들은 그들의 입장에서 나름대로의 욕심이 있기 때문에, 부모의 꾸중이나 톡톡 쏘는 말이 섭섭하게 들리고 억울하기까지 합니다. 부모와 자식의 사이이므로 드러내어 놓고 부모의 멱살을 잡지는 않지만, 거꾸로 가슴 속으로 들어가 맺히는 것입니다. 못된 자식을 둔 부모나, 시어머니 며느리 사이도 섭섭함과 원망스러운 감정이 쉽게 맺힙니다.

원망스런 감정의 맺힘! 이 원결은 부부 사이에 가장 많이 맺힙니다. 서로를 배신하는 굉장한 사건이 있어야만 원결이 맺히는 것은 아닙니다. 그 발단은 사소한 데서 비롯됩니다. 아내의 바가지 긁는 소리가 남편의 가슴에 꽉 맺혀 잊을 수 없게 되거나, 아내에게 막 하는 남편의 소리가 가슴에 꽂혀 풀리지 않게 되면 원결이 성립되고, 그것이 얽히고 설키면 원수같은 사이로 발전하게 됩니다.

물론 모든 대화가 다 가슴에 맺히는 것은 아닙니다. 대부분이 아무런 감정없이 살랑 지나가게 되지만, 스스로의 심기가 불편할 때나 심한 모욕감을 느끼게 되면 가슴에 꽂혀 풀어지지 않는 것입니다.

'아, 저 사람이 나를 이렇게 밖에 생각을 못하고, 나를 이렇게 보아왔구나.'

이렇게 실망감에 젖고 믿음이 깨어지면, 일이 생길 때마다 자꾸만 이상한 쪽으로 몰고 갑니다.

'저 사람이 지난 번에 그 소리를 하더니만, 자기 마음 속에 저런 속셈이 있었구나. 그래서 나한테 갈수록 이상하게 행동하는 구나.'

마침내는 부부간에 큰 싸움이 붙고, 싸움 뒤에 갈라서거나 서로를 더욱 미워하게 되면 내생까지 이어지는 원결로 정착하게 되는 것입니다.

그러므로 서로 사랑할 뿐 아니라 믿고 의지하는 부모·자식·형제·부부 사이일지라도, 사랑하기 때문에, 만만하기 때문에 마음대로 해도 된다는 생각을 가져서는 안 됩니다. 마음대로 말하고 마음대로 행동하면 결국은 무서운 원결을 만들게 됩니다.

'남편이다·아내다·아버지다·어머니다·자식이다'고 하는 집착없이 그 사람에게 이바지해 줘야 합니다. 뿐만 아니라 사회 생활의 모든 일 속에서도 구속되거나 집착하는 마음 없이 베풀어야만 합니다. 이렇게 가족에게 이바지하고 사람들에게 베풀면 '그 어디에도 머무는 바 없이 보시를 하는 보살'이 될 수 있으며, 우주의 무한 복덕을 수용하고 해탈의 길로 나아갈 수 있는 것입니다.

나아가 부처님께서는 우리의 감각기관〔六根〕인 눈〔眼〕·귀〔耳〕·코〔鼻〕·혀〔舌〕·몸〔身〕·뜻〔意〕의 대상경계〔六境〕인 모양〔色〕·소리〔聲〕·냄새〔香〕·맛〔味〕·감촉〔觸〕·법(法)에 얽매여 보시하지 말 것을 강조하셨습니다.

"이른바 모양에 얽매임없이 보시를 하여야 하며, 소리나 냄새나 맛이나 감촉이나 생각에 얽매임없이 보시를 해야 하느니라."

그런데 우리는 어떠합니까? 우리의 보시는 너무나 얽매어 있습니다. 절에서 불사를 할 때도 스님의 권유로 하는 수 없이, 또는 경쟁의식에서, 남의 말이 귀에 걸려 보시를 합니다. 또 복을 받겠다는 마음으로 보시를 합니다. 불보살상을 모시는 데는 서로 돈을 내려 하고, 길을 닦고 화장실을 만드는 데는 선뜻 보시를 하려는 자가 드뭅니다.

이것이 참된 보시입니까? 보시는 버리는 것입니다. 물질에 얽매이고 자기애(自己愛)에 얽매이면 반드시 고통의 과보를 초래하게 되므로, 버리는 보시행을 통하여 참으로 자유롭고 행복한 길로 나아가라고 가르친 것입니다.

그런데도 우리는 주는 척하면서 주지를 못합니다. 버리는 척 하면서 버리지를 못합니다. 물질은 주었어도 마음으로는 그것을 더욱 꼭 붙들고 있는 이들이 많습니다. 보시를 하였으면 보시를 한 것으로 끝내야 하는데, 그 돈을 쓴 결과에까지 신경을 씁니다.

이렇게 되면 보시 그 자체에, 그리고 보시의 대상에 얽매이는 꼴밖에 되지 않습니다. 그러므로 보시를 하였으면 바로 그 순간에 잊어버려야 합니다. 절이든 복지단체든 그 누구에게 보시를 하였든, 바로 그 순간에 입을 닫고 마음을 비워야 합니다.

물질을 베풀었건 법문을 하였건 몸으로 봉사를 하였건 그 보시에 대한 생각을 계속 지니고 다녀서는 안 됩니다. 그렇게 하여야만 참된 복이 되고 깨달음을 이루는 공덕이 되기 때문입니다. 부처님께서는 수보리존자에게 말씀하셨습니다.

"수보리여, 보살은 마땅히 이와 같이 보시하여 어떠한 상에도 집착을 하지 말아야 하느니라. 무슨 까닭인가? 만약 보살이 상에 집착을 하지 않고 보시를 하면 그 복덕이 가히 헤아릴 수 없이 크기 때문이니라."

상(相)! 부처님께서는 이 상에 집착하지 않으면 보리심을 잘 유지할 수 있고, 위없는 깨달음인 아뇩다라삼먁삼보리를 성취할 수 있다고 하셨습니다. 그렇다면 상(相)이란 무엇인가? 먼저 이 상과 관련하여 널리 알려진 옛 이야기 한 편을 음미해 보고자 합니다.

❋

당나라 때의 우두선종(牛頭禪宗) 승려인 무착문희(無着文喜, 820~900) 선사는 출가한 지 17년이 되었으나 견성(見性)을 하지 못하자, 문수보살을 친견하여 깨우침을 얻겠다는 원을 세웠습니다.

스님은 문수보살의 진신(眞身)을 친견(親見)하기 위해 남쪽 항주에서부터 북쪽의 오대산(五臺山)까지 걸음을 옮길 때마다 온몸을 내던지는 오체투지(五體投地)의 절을 하면서 갔습니다. 마침내 오대산 금강굴(金剛窟) 부근에 이르렀을 때 한 노인이 소를 거꾸로 타고 오다가 말을 걸었습니다.

"자네는 어떤 사람인데 무엇하러 이 깊은 산중에 앉아 있는가?"

"예, 문수보살을 친견하러 왔습니다."

"문수보살을 가히 친견할 수 있을까?"

말끝에 노인은 그 순간과는 전혀 어울리지 않는 질문을 던졌습니다.

"자네 밥 먹었는가?"

"안 먹었습니다."

"순 생짜로군."

그리고는 소를 타고 가버리는 것이었습니다. 무착선사는 노인이 범상치 않은 분임을 느껴 뒤를 따랐고, 얼마쯤 가니 금색이 휘황찬란한 절이 나타났습니다.

"균제(均提)야."

노인이 시자를 부르자, 시자는 뛰어나와 소를 받아 매었습니다. 잠시 뒤에 차가 나왔는데 다완(茶椀)은 모두 보석으로 만들어졌고, 차를 마시니 몸과 마음이 형언키 어려울 정도로 상쾌해졌습니다.

'세상에 이런 차가 있다니!'

혼자 감탄하고 있는데 노인이 물었습니다.

"자네 어디서 왔는가?"

"남방에서 왔습니다."

노인은 찻잔을 들고 다시 물었습니다.

"남방에도 이런 물건이 있는가?"

"없습니다."

"이런 물건이 없다면 무엇으로 차를 먹는가?"

이런저런 이야기를 나누는 동안 날은 저물어갔고, 노인의 곁에 있는 것만으로도 그지 없는 평온함을 느껴 하룻밤 자고 가기를 청했습니다. 그러나 노인은 단호하게 말하였습니다.

"상(相)이 있는 사람은 여기서 잘 수 없다."

"저는 출가사문이기 때문에 상이 없습니다."

그러자 노인은 씩- 웃으며 불렀습니다.

"스님."

"예."

"출가한 지 몇 년이 되었는고?"

"17년이 되었습니다."

노인은 또 물었습니다.

"자네, 계(戒)를 잘 지키는가?"

"예. 출가한 이래로 지금까지 잘 지키고 있습니다."

"그것이 상이 아니고 무엇인가? 자네는 여기서 잘 수가 없네."

노인은 시자인 균제를 시켜 무착선사를 배웅하게 하였고, 이렇게 문수보살을 친견한 무착선사는 오대산에서 돌아온 뒤 열심히 공부하여 대도를 성취하였습니다.

무착선사가 '상이 없다'고 하자, 노인의 모습을 띤 문수보살은 '스님' 하며 불렀고, 출가를 한 지 몇 년이 되었으며 계율은 잘 지키는가를 물었습니다. 그러자 무착선사는 '예' 하고 답한 다음, 출가한 지 17년이 되었고 출가한 이래 계율을 잘 지킨다고 하였습니다. 그러자 노인은 '그것이 바로 상(相)'이라며 재워주지 않았습니다.

'내가 스님이다.' '몇 년이나 스님 노릇 하였다.' '나는 계율을 잘 지키고 있다.' 이것이 모두 상이라는 것입니다. 그리고 오대산에서 돌아온 무착스님은 이 상을 잘 다스려 마침내 대오(大悟)를 하였습니다.

상(相)! 상은 모양입니다. 물질적인 모양을 갖춘 것만 상이 아니라, 소리·향기·맛·감촉 또한 상이며, 고착된 생각 또한 형체 없는 상입니다. 곧 '내가 부모'라는 생각도 상이요, '저 아이는 내 자식'이라는 생각도 상이며, '내가 저 아이에게 무엇을 해줬다'는 생각도 상입니다. '내가', '누구에게' '무엇을 해준다'. 이 셋 중 하나만 남아 있어도 상에 집착하는 것입니다.

부처님께서는 이 세 가지 상을 모두 떠나 보시를 하라고 가르쳤습니다. 하지만 이것이 쉬운 일은 아닙니다. 상을 비우기는 참으로 어렵습니다. 그런데도 부처님께서는 절대로 '상에 집착하지 않는 보시'를 하도록 권하셨습니다. 왜 그랬을까요?

그 까닭은 '상에 집착하지 않는 보시를 하여야 그 복덕이 헤아릴 수 없기 때문'이라는 것이었습니다.

실로 이 법계는 무한의 행복과 무한의 영광으로 가득 차 있습니다. 그런데도 우리는 '나' 스스로가 만든 상으로 마음의 문을 닫아 대우주의 무한한 영광과 행복과 상서(祥瑞)를 거절하며 살고 있습니다. 스스로가 불행하고 괴롭고 슬프게 만든 것일 뿐, 그 누가 있어 그렇게 만든 것이 아닙니다.

따라서 '나'라는 상에 사로 잡혀 일으킨 탐욕과 성냄과 어리석음을 비우고 살게 되면, 대우주의 무한 행복과 영광이 모두 '나'에게로 옵니다. 그리고는 마침내 부처님과 같은 존재가 될 수 있는 것입니다.

부디 불자들이여, 상(相) 없이 살도록 합시다. 부모라는 상, 자식이라는 상, 윗사람이라는 상, 불자라는 상, 스님이라는 상, 공부를 많이 했다는 상 등을 비우고 삽시다. 이러한 상들이 대우주의 행복을 차단시킵니다. 반대로 상을 비우면 무한 행복이 저절로 찾아듭니다.

결코 겉모습만 벗어버리지 마십시오. 일체의 상에 대해 마음으로 벗어야 합니다. 어찌 해탈이 바깥에서 오는 것이겠습니까? 상을 벗어 마음이 열리게 되면, 일체의 고통으로부터 얽매이지 않게 됩니다.

이제 다시 보시로 돌아가 이 명제를 함께 생각해 봅시다.

상에 얽매이는 보시는 훗날의 조그마한 복을 가져다 줍니다. 그러나 깨달음을 이루는 공덕과는 무관하며, 해탈로 이어질 수가 없습니다. 장차 부처가 될 불자의 보시는 '조그마한 복을 지어 다음에 어떻게 태어나느냐'에 있지 않습니다. 불자의 보시는 지금 이 몸을 가지고 해탈하는 데 목적을 두어야 합니다.

정녕 빨리 해탈하려면 어떻게 해야 하겠습니까? 가까운 쪽부터 시작하여 자꾸 벗어나는 노력을 기울여야 합니다. 앞에서도 이야기 하였듯이, 보시는 버리고 벗어버리는 행위입니다. 따라서 상에 집착함이 없이 허공과 같은 마음으로 보시하며 살아야 해탈을 이루고 가히 헤아릴 수 없는 복덕을 누릴 수 있는 것입니다.

부처님께서는 말씀하셨습니다.

"수보리여, 네 생각은 어떠하냐? 동쪽 허공의 크기를 가히 헤아릴 수 있겠느냐?"

"헤아릴 수 없나이다, 세존이시여."

"그렇다면 수보리여, 남쪽 서쪽 북쪽 등의 허공과 동남·서남·동북·서북쪽과 위·아래 허공의 크기는 가히 헤아릴 수 있겠느냐?"

"헤아릴 수 없나이다, 세존이시여."

"수보리여, 보살이 상에 집착함이 없이 베푸는 무주상보시(無住相布施)의 복덕 또한 이와 같아서, 가히 헤아릴 수가 없느니라."

이 금강경의 말씀처럼 허공의 크기를 상상할 수 없듯이, 상에 집착함이 없이 허공과 같은 마음으로 보시를 하게 되면 대허공과 같은 크기의 복과 공덕이 '나'에게로 오게 되어 있습니다. 그러나 '내가 보시를 한다', '내가 보시를 했다'는 생각, '나'라는 상이 붙을 때에는 그저 자그마한 복이 될 뿐입니다.

무주상보시(無住相布施)! 불교에서 무주상보시를 그토록 강조하는 까닭도 여기에 있습니다. 허공을 측량할 수 없듯이, 상에 집착하지 않고 행하는 무주상보시의 복덕 또한 측량할 수 없으며, 그 결과가 부처의 지위로 이어지기 때문입니다.

부처님께서는 '보리심의 유지'를 주제로 삼고 있는 「묘행무주분」의 결론으로 다음과 같이 말씀하십니다.

"그러므로 수보리여, 보살은 마땅히 지금 내가 가르쳐 준 대로 마음을 유지하여야 하느니라."

이 말씀의 골자 또한 무주상(無住相)입니다. 무주상으로 보리심을 유지하라는 것입니다. 이렇게 무주상을 강조하다 보니, 금강경이 모든 상을 부인하는 것이 아닌가 하고 의문을 갖는 사람도 있습니다.

그러나 금강경의 '무주상'은 부정이 아닙니다. 이 때까지 살아온 중생들의 보편적인 삶의 모습〔相〕을 부정하여 참모습과 실체를 보게끔 하자는 것입니다.

"법계의 진정한 모습을 보고 법계와 하나가 되려면 이제까지 처럼 집착에 가린 눈으로 겉모습만 보아서는 안 된다. 이제 집착을 벗어버린 실제의 눈을 뜨라. 실제의 눈을 뜨고 참모습을 바라보아라. 너희가 지금 보고 있는 것은 모두 가짜일 수가 있다. 이 세상이 없는 것이 아니듯이 실체 또한 또렷하게 있고, 모든 것이 그대로 실재(實在)하고 있다. 눈을 뜨고 그것을 보아라. 눈을 뜨고 참모습을 바라보아라."

이것이 금강경의 핵심 가르침인 '무주상'에 숨겨진 뜻입니다.

상에 집착하지 않는 무주상! 이것이 결코 쉽지는 않겠지만, 우리가 상에 집착하지 않도록 자꾸자꾸 노력하면 차츰 보리심을 유지할 수 있게 되고, 마침내는 아뇩다라삼먁삼보리, 곧 부처님과 같은 대각(大覺)을 성취할 수 있게 되는 것입니다.

우리 모두 무주상으로 대우주의 진실한 행, 진리의 행을 실천하여 대해탈을 이루고 대자유와 무한행복을 누려봅시다.

如理實見分 第五
여리실견분 제오

　　須菩提여 於意云何오 可以身相으로 見如來不아
　　不也니이다 世尊하 不可以身相으로 得見如來니 何以故오 如來所說身相은 卽非身相이니이다
　　佛告須菩提하사대
　　凡所有相이
　　皆是虛妄하나니
　　若見諸相이 非相이면
　　卽見如來하리라

　　수보리여, 네 생각은 어떠하냐? 가히 몸의 겉모습(身相)을 통하여 여래를 볼 수 있느냐 없느냐?
　　없나이다, 세존이시여. 몸의 겉모습, 곧 신상으로는 여래를 볼 수 없나이다. 왜냐하면 여래께서 말씀하오신 신상 또한 신상이 아니기 때문입니다.
　　부처님께서 수보리에게 이르셨다.
　　무릇 있는 바 상(相)은
　　다 헛되고 망령된 것이니

만약 모든 상(相)이 상 아님을 보면
곧바로 진실한 여래를 보게 되느니라

제3 「대승정종분」과 제4 「묘행무주분」에서는 부처님께서 아상(我相) 등의 4상을 버려 그릇된 마음을 항복받고, 무주상(無住相)으로 보리심을 유지하라는 가르침을 주셨습니다. 여기 제5 「여리실견분(如理實見分)」에서는 여래(如來), 곧 부처님의 몸을 예로 들어 진리 그대로의 실체를 보는 방법에 대해 설하고 계십니다. 대우주의 살림살이, 법계의 실상을 진리대로 이해하고 진리대로 볼 수 있는 방법이 무엇인가를 깨우쳐 주신 것입니다. 이제 그 내용을 풀어봅시다.

부처님께서는 수보리존자에게 물었습니다.

"부처님의 신상(身相)은 32가지의 거룩하고 성스러운 모습을 갖추고 있나니, 이와 같은 몸의 겉모습을 통하여 참다운 부처를 볼 수 있겠느냐? 없겠느냐?"

"없습니다. 왜냐하면 겉으로 나타난 신상은 부처님의 참된 신상이 아니기 때문입니다."

이 문답을 한 마디로 표현하면 '상(相)으로 된 것은 참부처가 아니다'는 것입니다. 겉으로 드러난 모습뿐만이 아닙니다. 우리가 듣게 되는 부처님의 말씀, 부처님이라고 확신하는 그 생각까지도 참된 부처가 아니라는 것입니다.

수보리존자는 이것을 알고 있었습니다. 그래서 '상으로는 부처님을 볼 수 없다'고 답하였고, 우리를 위해 일침을 더 놓았습니다.

"부처님께서 말씀하시는 참된 모습은 인간이 상상하거나 추측하거나 생각하거나 볼 수 있거나 말로 표현할 수 있는 것이 아니기 때문에, 인간들이 상상하고 추측하고 생각하고 보고 듣는 그 상태에서는 부처님을 볼 수가 없습니다."

왜 부처님과 수보리존자는 이렇게 말씀하신 것일까요? 겉으로 드러나 있는 모든 상(相)을 떠나야만 진실한 모습을 볼 수 있기 때문입니다. 그것은 부처님이라 하여 예외일 수가 없습니다. 겉모습으로는 참부처를 볼 수 없고 입으로 하신 말씀은 그 마음을 온전히 드러낸 것이 아니기 때문입니다.

따라서 부처님께서는 긍정이 아닌 부정의 법을 설하신 것입니다. 성스러운 부처의 모습도 참된 것이 아니니 부정하고, 거룩한 그 말씀도 진리 자체가 아니니 부정하라는 것입니다. 나타난 겉모습들을 부정하고 또 부정하여 참된 긍정이 저절로 이루어지도록 한 것입니다.

그럼 언제까지 부정을 해야 하는가? '나' 자신의 학식이나 상식, 상상이나 추측이나 망상을 벗어버릴 때까지 부정을 해야 합니다. 그렇지 않으면 어느 누구도 우상숭배에 빠져 참된 부처님도 참 진리도 볼 수 없고 참된 깨달음도 이룰 수가 없습니다.

정녕 '상에 머무르지 말라'는 금강경의 가르침은 우상숭배를 하지 말라는 것입니다. 우상숭배! 현재 이 지구상에 살고 있는 대부분의 사람들은 우상숭배를 하고 있습니다. 이 땅의 기독교인이나 천주교인들은 불교인더러 '우상숭배를 하고 있다'고 하지만, 나의 눈으로 볼 때는 불교인·기독교인·천주교인·이슬람교인 할 것 없이 종교를 믿는 전 세계의 사람 모두가 우상숭배에 떨어져 있을 뿐입니다.

왜 그런가? 우상은 겉모습만으로 논할 수 있는 것이 아니라, 금강경에서 이야기하는 상(相) 모두가 우상이기 때문입니다. 곧 우리가 한 생각을 낼 때 벌써 우상은 이루어집니다. 우리가 일으키는 한 생각, 하나의 착각이 우상이기 때문에, 이 세상에서 우상숭배에 떨어지지 않는 사람은 거의 없습니다. 진리를 체험하여 시간과 공간, 물질과 영(靈)의 굴레를 벗어난 차원에서 사는 사람은 우상숭배에 떨어지지 않겠지만, 그렇지 않은 이는 우상숭배에 빠져 살 수밖에 없습니다.

그런데도 다른 종교를 믿는 사람은 말합니다. '우리는 우상숭배를 하지 않는데, 불상 앞에서 절하는 불교인들은 우상숭배에 빠져있다'고…. 좋습니다. 그럼 그들의 입장에 서서 우상숭배를 생각해봅시다.

불교인은 불상 앞에서 절을 하고 공양을 올립니다. 때문에 그들은 먹지도 못하고 절하는 줄도 모르는 불상을 받든다며 불교를 우상숭배의 종교로 몰아 붙이는 것입니다. 그러나 조금만 상식이 있고 학식이 있는 사람이라면 불상 앞에서 기도를 드리는 불교인들이 그곳에 놓인 우상을 숭배하는 것이 아니라는 것을 압니다. 불교인들이 공양을 올리고 예배를 하는 대상이 결코 불상이 아니라는 것을 알고 있습니다.

그런데도 타종교인들은 불교를 우상숭배의 종교라며 몰아 붙입니다. 문제는 이것입니다. 참으로 큰 문제는 '불교인이 우상숭배를 하고 있다'며 몰아 세우는 그들에게 있습니다. 왜 그들에게 특별히 문제가 되지 않는데도 굳이 몰아 세웁니까? 그 까닭은 그들이 실로 무서운 우상에 빠져있기 때문입니다.

진실로 문제가 되는 우상은 마음 속에서 망상으로 만들어 내는 상이며, 이것이 무서운 우상숭배가 됩니다. 어떤 종교인이든 스스로가 만들어낸 망상에 빠져 편협한 행동을 하면 많은 허물을 범하게 됩니다. 그릇된 망상과 유혹에 빠져 종교의 노예가 되면 부모도 나라도 생각하지 않습니다. 오직 저희가 생각하는 신만을 절대시합니다. 있는지 없는지도 모르고 확인도 못해본 그 신에 대해….

때때로 그들은 어떤 집안으로 시집을 가고 장가를 가서, 종교의 이름으로 그 집안의 화합을 깨뜨리고 갈갈이 찢어 놓습니다. 자기가 믿는 신을 안 믿는다는 그 우상 때문에, 집안이며 가족이며 사회환경을 갈갈이 찢어 놓습니다. 심지어는 종교전쟁을 일으켜 온통 피바다로 만들어 버립니다. 세상에 이것처럼 무서운 우상숭배가 어디에 있습니까? 그런데도 거꾸로 불교인들을 '우상숭배자'로 몰아세웁니다.

그들의 신을 믿지 않으면 낳아준 부모도 부모가 아니라고 하는 일부 종교인들! 국조 단군상도 우상이라며 무참하게 부수어 버리는 그들! 자기 종교만이 참된 종교라고 하는 그들이야말로 우상에 깊이 빠진 불쌍한 존재라고 하지 않을 수 없습니다.

하지만 불자들은 그들을 배척하지 말고, 너그러운 마음으로 그들이 이해를 할 때까지 일러주고 다독거려 주어야 합니다. 왜냐하면 일체의 상을 벗어나 참된 모습을 찾는 것이 불자의 삶이기 때문입니다. 정녕 우리는 그들의 '우상숭배'라는 비방 속에서 이 금강경의 참된 가르침을 다시 한번 되새길 줄 알아야 합니다.

'겉모습으로는 참된 부처님을 볼 수 없다.'

'부처님의 신상(身相)조차 신상이 아니거늘, 나의 상상·추측·망상으로 만든 것을 쥐고 살아서야 되겠는가?'

거듭 금강경에서는 사구게(四句偈)를 통하여 우리의 의식을 이와 같이 일깨우고 있습니다.

무릇 있는 바 상(相)은
다 헛되고 망령된 것이니
만약 모든 상(相)이 상 아님을 보면
곧바로 진실한 여래를 보게 되느니라

凡所有相 皆是虛妄
　　若見諸相非相 卽見如來

　이 게송을 사구게라고 합니다. 네 구절로 된 게송이라 하여 '사구게'라 하며, 금강경에서는 이러한 사구게가 세 번 나옵니다. 곧 금강경의 핵심적인 가르침을 게송으로 엮어 놓은 것이 사구게인 것입니다. 이제 사구게를 풀이해 봅시다.

　'무릇 있는 바 상은 다 헛된 것'이라는 말씀은 현재 우리가 살고 있는 이 세상에서 '나'의 학식이나 상식이나 이론으로 알 수 있는 것, 추측하고 생각하는 것, 모양으로 나타나고 소리로 표현되는 모든 상(相)이 헛될 뿐 참되지 않다는 것입니다.

　그러므로 '모든 상이 상 아님을 보라'고 하셨습니다. 이는 학식·상식·추측·생각을 떠나고 모양과 소리를 떠나서 보라는 가르침입니다. 바로 그때 무엇을 보게 됩니까? 진실한 여래를 보게 됩니다. 우리가 보고 듣고 생각하고 아는 것이 진실한 실체가 아니라는 것을 체험할 때, 참된 부처님, 곧 대우주의 진실한 모습을 볼 수 있다는 것입니다.

　이 사구게에 대해서는 더이상 해설을 하지 않겠습니다. 왜냐하면 잡된 해설이 이 사구게에 대한 체험을 그릇되이 만들 수 있기 때문입니다. 그리고 이 사구게는 반드시 외워야 합니다. 부디 이 사구게의 뜻을 깊이 새기고 자기의 것으로 만들어 부처님과 함께하는 큰 깨달음의 문을 여시기 바랍니다.

正信希有分 第六
정신희유분 제육

　須菩提- 白佛言하사대 世尊하 頗有衆生이 得聞如是言說章句하옵고 生實信不니잇가

　佛告須菩提하사대 莫作是說하라 如來滅後- 後五百歲에 有持戒修福者- 於此章句에 能生信心하야 以此爲實하리니 當知- 是人은 不於一佛二佛三四五佛에 而種善根이라 已於無量千萬佛所에 種諸善根하야 聞是章句하고 乃至一念生淨信者니라

　須菩提여 如來- 悉知悉見하노니 是諸衆生이 得如是無量福德이니라 何以故오 是諸衆生이 無復我相人相衆生相壽者相하며 無法相하며 亦無非法相이니라 何以故오 是諸衆生이 若心取相하면 卽爲着我人衆生壽者니 若取法相이라도 卽着我人衆生壽者며 何以故오 若取非法相이라도 卽着我人衆生壽者니라

　是故로 不應取法이며 不應取非法이니 以是義故로 如來- 常說호대 汝等比丘- 知我說法을 如筏喩者라하노니 法尚應捨어던 何況非法이라

수보리가 부처님께 아뢰었다.

세존이시여, 자못 어떤 중생이 이와 같은 말씀이나 글귀를 보고 진실한 믿음을 낼 수 있겠나이까?

부처님께서 수보리에게 말씀하셨다.

그러한 말을 하지 말라. 여래가 열반에 든 뒤 후오백세(後五百歲)에 계를 지키고 복을 닦는 자는 이 가르침에 대해 능히 바른 신심을 내고 이를 진실로 삼으리라. 마땅히 알아라. 이 사람은 한 부처님이나 두 부처님, 셋·넷·다섯 부처님께만 선근(善根)을 심은 것이 아니라 이미 한량이 없는 천만 부처님께 갖가지 선근을 심었으므로, 이 가르침을 듣고 한 생각에 깨끗한 믿음을 내느니라.

수보리여, 여래는 이러한 모든 중생이 한량없는 복덕을 얻음을 능히 다 알고 보시느니라. 무슨 까닭인가? 이 모든 중생에게 다시는 아상·인상·중생상·수자상이 없고, '법이라는 상〔法相〕'도 없으며, 또한 '법이 아니라는 상〔非法相〕'도 없기 때문이니라.

무슨 까닭인가? 이 모든 중생이 마음에 어떤 상(相)을 취하게 되면 아상·인상·중생상·수자상에 집착한 것이 되느니라. 또 무슨 까닭인가? 만약 '법이라는 상〔法相〕'을 취하게 되면 아상·인상·중생상·수자상에 집착한 것이 되며, 만약 '법이 아니라는 상〔非法相〕'을 취하여도 아상·인상·중생상·수자상에 집착한 것이 되느니라.

그러므로 마땅히 법도 취하지 말고 법 아닌 것도 취하지 말지니라. 이러한 까닭에 여래는 항상 '비구들이여, 너희는 나의 설한 법을 뗏목처럼 여겨야 한다'고 말한 것이다. 이렇게 법도 오히려 놓아버려야 하거늘, 하물며 법 아닌 것이랴.

제6「정신희유분」은 부처님으로부터 심히 깊고 미묘한 사구게의 법문을 들은 수보리존자가 '과연 이러한 법문을 듣고 진실한 믿음을 낼 수 있을까' 하는 의문에서부터 시작됩니다. 바로 '바른 믿음[正信]을 내기가 어렵다[希有]'는 제6장의 제목과 일치하는 의문입니다.

하지만 이 질문에 대한 부처님의 답은 단호합니다. '그런 말 하지 말라'는 것입니다. 왜 부처님께서는 이토록 단호하게 말씀하셨을까요?

시간이 아무리 흐르고 환경이 아무리 바뀌어도, 진실로 복을 닦고 향상의 길을 걷는 사람은 이 사구게의 가르침을 바로 믿을 수 있고 이해할 수 있다는 것입니다. 더욱이 이들은 수많은 부처님을 섬겨 한없는 복을 닦아왔고 덕을 쌓았기 때문에 보통 사람이면 어리둥절하게 여길 이 사구게에 대해 깊은 신심을 낸다는 것입니다.

무릇 있는 바 상(相)은
다 헛되고 망령된 것이니

만약 모든 상(相)이 상 아님을 보면
곧바로 진실한 여래를 보게 되느니라
凡所有相 皆是虛妄
若見諸相非相 卽見如來

우리는 이 사구게를 통하여 우리의 신심을 점검해 볼 필요가 있습니다. 불자임을 자부하고 부처님의 가르침을 실천하고 있다는 '나'는 과연 이 사구게의 말씀을 '아! 그렇다' 하면서 그대로 받아들입니까? 아마 그런 분이 많지가 않을 것입니다.

이 사구게 법문을 듣고 '맞다. 진짜 말씀이다'는 공감이 일어나지 않는다면 우리는 아직 진짜 신심을 발하지 않은 불자입니다.

불교를 믿는 우리의 신심(信心)! 우리는 너무나 밖을 향해 찾아다닙니다. 출발점·원점은 찾으려 하지 않고, 자식이나 집안 등의 현실적인 행복을 찾고자 끊임없이 헤매입니다. 잘 나고 잘 살아보겠다는 상(相)에 취해 밖으로 밖으로 행복을 찾아 헤매입니다.

그러나 상(相)이 있는 모든 것은 허망할 뿐입니다. 아무리 잘 가꾸어도 태어난 몸은 죽기 마련이요, 만남이 있으면 헤어지기 마련입니다. 모였다가 흩어지고, 생겨났다가는 사라지는 것이 모든 상의 본질인 것입니다.

부처님이라 하여 예외일 수 없습니다. 물질적이요 '나'의 생각으로 만든 부처님은 참부처님이 아닙니다. 그냥 허망한 부처님일 뿐입니다. 그런데도 우리는 상(相) 속에서 부처님을 믿습니다. 모양을 갖춘 부처님, '나'의 생각 속의 부처님을 믿습니다.

하지만 이것이 참된 부처님입니까? 사라지고 부서져 무너지는 이 부처님이 참된 부처님입니까? 아닙니다. 부처님은 상을 떠나 있고, 상(相)에 집착하는 이상에는 참된 부처님을 볼 수 없습니다. 그래서 부처님께서는 무엇보다 먼저 자신의 우상화부터 깨뜨렸습니다, 그 가르침이 바로 부처님도 예외가 아니라는 '범소유상 개시허망'이요, '제상이 비상'임을 꿰뚫어 볼 줄 알아야 '즉견여래' 한다는 것입니다.

이제 이 사구게를 통하여 우리의 신심을 다시 정립해야 합니다. 상을 떠난 참된 신심으로 깨달음의 세계로 나아가야 합니다. 아니, 원점의 자리로 돌아가야 합니다. 그렇게 되면 한량없는 복덕을 얻게 됩니다. 금강경에서는 말씀하십니다.

"수보리여, 여래는 이러한 모든 중생이 한량없는 복덕을 얻음을 능히 다 알고 보시느니라."

이 말씀은 사구게를 믿고 이 가르침을 실천하는 사람이 한량없는 행복과 영광을 누림을 부처님께서 다 알고 본다는 것입니다. 하지만 이 말씀은 도를 이룬 부처님께서 중생 개개인을 일일이 찾아가서 알고 본다는 것이 아닙니다. 부처님께서는 원점에 서서 모든 중생의 복덕을 관찰하십니다. 중생과 부처의 원점이 같기 때문에 그 원점을 알 때 일체 중생을 다 알고 전체 중생을 다 볼 수 있는 것입니다.

원점에서 관찰할 때 한량없는 복덕을 얻는 중생들! 그렇습니다. 대우주의 실상을 보고 '나'라는 감정·욕심·분별심을 개입시킴이 없이 대우주의 실상대로 사는 이에게는 대우주의 행복과 영광이 그대로 임하지 않을 수 없는 것입니다. 그렇습니다. 상을 떠나면 원점으로 돌아오고, 원점으로 돌아오면 무한 행복과 영광이 마냥 충만되어 있습니다. 금강경에서는 이를 다시 한번 강조합니다.

"무슨 까닭인가? 이 모든 중생에게 다시는 아상·인상·중생상·수자상이 없고, '법이라는 상〔法相〕'도 없으며, 또한 '법이 아니라는 상〔非法相〕'도 없기 때문이니라."

앞의 사구게에서는 '모양 있는 것〔有相〕'의 허망함을 일깨웠는데, 이제는 모양이 없는 법(法)에 대한 상(相)까지 부정을 하고 있습니다.

왜 이렇게 금강경에서는 유상도 무상(無相)의 법도 부정을 하는 것일까요? 그 까닭은 간단합니다. 대우주의 실상이 우리가 느끼는 우상의 테두리를 벗어난 것이기 때문입니다. 아상·인상·중생상·수자상도 없고, 법이라는 생각과 법 아니라는 생각을 넘어선 것이기 때문입니다.

따라서 우상의 테두리에서 생각하고 살아가는 사람은 큰

복을 누리지 못하고, 우상의 테두리를 벗어버리면 대우주의 무한 행복과 영광을 다 누릴 수 있게 됩니다. 곧 '진리다, 진리가 아니다', '이것은 옳다, 옳지 않다', '진짜다·가짜다' '곱다·밉다'는 등의 상대적인 생각마저 떨어져 나가야 대우주의 실상인 원점에 도달하여 무한 행복을 향유할 수 있는 것입니다.

그런데 우리는 어떠합니까? 우리는 우상에 사로잡혀 삽니다. 학식이나 상식, '나'의 생각, 물질 등에 얽매이면 그대로 우상이 되는데, 이 우상을 벗어버리지를 못합니다. 법이라는 생각, 법이 아니라는 생각, 옳다·그르다는 생각, '나'의 욕심·감정·고집·사랑, '내가 한다·했다·해줬다'는 상 등의 갖가지 우상에 붙들려 일평생을 보냅니다.

정녕 우리가 평생을 '나다·나다' 하며 살지만, '나' 스스로가 만든 우상을 벗어나 참으로 자유로운 '나'로 산 시간이 얼마나 됩니까? 그리고 남을 위해서는 얼마나 아낌없이 살았습니까? 남의 자식이 되어 부모에게 진실한 자식 노릇도 못해보고, 남의 부모가 되어 진실한 부모 노릇도 못해보고 사는 존재가 우리입니다.

왜 이렇게 살아갑니까? 모두가 상에 얽혀 살아가기 때문입니다. 금강경에서는 다시 한번 강조합니다.

"무슨 까닭인가? 이 모든 중생이 마음에 어떤 상(相)을 취하게 되면 아상·인상·중생상에 집착한 것이 되느니라. 또 무슨 까닭인가? 만약 '법이라는 상〔法相〕'을 취하게 되면 아상·인상·중생상·수자상에 집착한 것이 되며, 만약 '법이 아니라는 상〔非法相〕'을 취하여도 아상·인상·중생상·수자상에 집착한 것이 되느니라."

부처님께서는, 원점으로 돌아가 무한 행복과 영광을 누리며 살기 위해서는 세 가지에 걸리지 말아야 한다고 하셨습니다. 그 셋이 무엇입니까?

① 마음에 어떤 상을 취하는 것〔心取相〕
② 법이다, 진리다라는 생각을 일으키는 것〔取法相〕
③ 이것이 진리가 아니라는 생각을 일으키는 것〔取非法相〕

이 세 가지에 걸리면 아상·인상·중생상·수자상이라는 우상에 떨어진다는 것입니다. 아상·인상·중생상·수자상! 이것은 다른 것이 아닙니다. '나'의 마음에 걸리는 것입니다. 그런데 우리 중생은 어떠합니까? 좋아도 걸리고 나빠도 걸리고 미워도 걸리고 고와도 걸립니다. 옳아도 걸리고 그르다고 걸리고 기쁘다고 걸리고 괴롭다고 걸립니다.

푸른 하늘 같은 마음에 웬 구름들이 그렇게 많이 걸리는지…. 그래서 부처님께서는 집착 때문에 걸리는 모든 것을 취하지 말라고 하셨습니다. 저절로 사라질 뜬구름을 쥐고 살지 말라고 하셨으며, 심지어는 당신께서 설하신 진리는 물론이요, 진리가 아니라는 생각도 일으키지 말라고 하셨습니다.

"마땅히 법도 취하지 말고 법 아닌 것도 취하지 말지니라."

매순간을 집착 속에서 사는 우리 범부들, '밝다 · 어둡다', '옳다 · 그르다', '맞다 · 틀린다', '잘했다 · 잘못했다' 등의 상대적인 감정에 이끌려 사는 범부들에게, 부처님께서는 "어떤 상에도 집착하지 말라. 법도 집착하지 말고 법이 아닌 비법(非法)도 집착하지 말라"고 하셨습니다.

실로 이와 같은 부처님의 주문은 집착 속에서 살아가는 우리들에게 있어 너무나 어려운 것일수도 있습니다. 나아가 이와 같은 법문을 접하고 더욱 혼란스러워 하는 이들까지 있습니다.

"도대체 어떻게 살아가라는 것인가? 믿고 따라야 할 진리와 취하지 말아야 할 그릇된 법을 잘 구분해야 바르게 살 수 있을 것이 아닌가? 그런데 법도 취하지 말고 비법도 취하지 말라니?"

그러나 어쩔 수가 없습니다. 집착을 하고 있는 이상에는 원점을 회복해 가질 수 없기 때문입니다. 집착의 구름이 있는 이상에는 맑은 하늘이 온전히 드러날 수 없기 때문입니다.

하지만 이 가르침이 법을 배우지 말라는 것은 아닙니다. 배우되 집착하지 말라는 것입니다. 활용을 할 뿐 집착을 하지 말라는 것입니다. 부처님께서는 말씀하셨습니다.

"이러한 까닭에 여래는 항상, '비구들이여. 너희는 나의 설한 법을 뗏목으로 여겨야 한다'고 말한 것이다. 이렇게 법도 오히려 놓아버려야 하거늘, 하물며 법 아닌 것이랴."

부처님께서는 당신께서 설하신 법, 그 진리의 법문을 뗏목이라 하셨습니다. 큰 강을 사이에 둔 차안(此岸)과 피안(彼岸)! 고통으로 가득한 이 언덕에서 행복한 피안으로 건너가려면 큰 강을 건너야 하고, 그 강을 건너기 위해서는 뗏목이 필요합니다. 그런데 부처님의 법은 뗏목과 같다는 것입니다.

뗏목의 용도가 무엇입니까? 강을 잘 건너기 위해 필요한 도구일 뿐, 저쪽 언덕으로 건너가고 나면 다시는 탈 일이 없습니다. 그러므로 피안에 도착하면 뗏목을 버려야 합니다. 고맙기 그지없는 뗏목이라 하여 등에 짊어지고 다니는 바보가 되어서는 안 된다는 것입니다. '달을 보았거든 손가락 보기를 놓아버리고, 집에 돌아왔거든 길을 묻지 말라'는 옛 말씀처럼….

천 가지 병이 있으면 천 가지 약이 필요하고, 만 가지 병이 있으면 만 가지 약이 필요합니다. 그러나 병이 없으면 한 가지 약도 필요하지 않습니다. 어찌 병이 나은 다음까지 약을 탐할 것입니까?

이렇듯 불자들은 법을 배우고 법을 의지하되, 필경에는 그 법도 놓아버려야 합니다. 나아가 법도 집착을 하지 않거늘, 진리 아닌 것을 붙들고 있을 까닭이 무엇입니까? 다 놓아 '허공처럼 맑은 마음을 가져라'는 것이 부처님과 금강경의 한결같은 가르침입니다.

부디 이와 같은 가르침에 의지하여 모든 집착을 놓아버리십시오. 모든 우상의 먹구름이 걷히면서 원래의 맑고 밝은 하늘 그 자체로 돌아갑니다.

구름 한 점 없는 맑은 하늘의 행복과 영광! 누구도 그 행복과 영광을 마다할 까닭이 없습니다. 이제 옛이야기 한 편을 함께 음미해 보면서 제6분을 매듭짓고자 합니다.

✽

약 백여 년 전, 저명한 학자 한 분이 남은(南隱) 선사를 찾아가 질문을 던졌습니다.

"스님, 불법(佛法)이 무엇입니까?"

스님은 답을 하지 않고 묵묵히 차를 다려 학자의 잔에 따르기 시작했습니다. 그런데 스님은 잔에 차가 가득 찬 다음에도 계속해서 차를 따랐습니다. 철철 넘치는 차를 바라보다가 더 이상 참을 수 없게 된 학자는 소리쳤습니다.

"스님! 차가 넘치고 있습니다. 그만 따르시지요."

남은선사는 그때서야 비로소 말문을 열었습니다.

"이 찻잔과 같이, 그대의 마음에 나름대로의 생각과 고집이 가득 채워져 있거늘, 어떻게 불법이 무엇인지를 일러줄 수가 있겠소? 먼저 그대 자신의 잔을 완전히 비우지 않는다면….".

無得無說分 第七
무 득 무 설 분 제 칠

　須菩提여 於意云何오 如來- 得阿耨多羅三藐三菩提耶아 如來有所說法耶아

　須菩提言하사대 如我解佛所說義컨댄 無有定法名阿耨多羅三藐三菩提며 亦無有定法如來可說이니 何以故오 如來所說法은 皆不可取며 不可說이며 非法이며 非非法이니 所以者何오 一切賢聖이 皆以無爲法으로 而有差別이니이다

　수보리여, 네 생각은 어떠하냐? 여래가 '아뇩다라삼먁삼보리를 얻었다'고 하느냐? 여래가 '설한 바 법이 있다'고 하느냐?

　수보리가 아뢰었다.

　제가 부처님께서 설하신 바의 뜻을 알기로는 아뇩다라삼먁삼보리라고 이름할 만한 정해진 법이 없으며, 여래께서 설하시는 정해진 법 또한 없나이다. 왜냐하면 여래께서 설하시는 법은 가히 다 취할 수도 없고 가히 다 말할 수도 없으며, 법도 아니요 법 아님도 아니기 때문입니다. 무슨 까닭인가? 모든 현성들은 다 무위법(無爲法)으로 차별을 삼기

때문입니다.

제6「정신희유분」에서는 진리대로 실상을 보는 법에 대해 말씀하셨고, 여기 제7「무득무설분(無得無說分)」에서는 이 세상 무엇이든 진정으로 얻었다고 할 것도 없고, 참으로 설하였다고 할 것도 없음을 밝히고 있습니다.

부처님께서는 수보리존자에게 '부처가 아뇩다라삼먁삼보리, 곧 위없이 올바르고 완전한 깨달음을 얻었다고 하는가'를 먼저 물었습니다. 이 질문은 '부처님 스스로가 깨달음을 얻었고 도를 깨치셨다'는 말씀을 하신 적이 있느냐는 것입니다.

그리고 부처님께서는 또 한 가지를 물었습니다. '내가 설한 바 법이 있느냐'고⋯. 45년 동안을 하루같이 중생들을 위해 설법을 하셨는데도 '이야기한 것이 있느냐'는 물음입니다.

부처님께서 질문하신 요지를 분명히 알고 있었던 수보리존자는 보통 사람의 상식을 벗어나는 답을 했습니다. '제 생각으로 비추어 볼 때 부처님께서는 깨달았다고 하는 것이 없으며, 이야기하신 일도 없습니다'라고⋯.

이 말씀은 부처님이야말로 깨달음을 넘어선 분이요, 이 세상의 어떤 일에도 '이것이 옳다'라고 할 절대적인 것이 존재하지 않는다는 것입니다. '이것만이 옳다', '이것이라야만 한다', '이렇게 해야만 한다'는 것이 존재할 수 없다는 가르침입니다.

이를 금강경에서는 '무유정법(無有定法 : 정해진 법이 없음)'이라는 단어로 표현했습니다. 왜 무유정법이라 한 것인가? 이 세상의 어떠한 법이라도 시간과 공간이 일치하는 오직 그 한 때, 그 자리에서만 딱 맞는 것일 뿐, 어떠한 상황에나 다 맞는 것이 아니기 때문에 무유정법이라 한 것입니다.

그러므로 어디에서나 어느 때에나 누구에게나 다 통할 수 있는 아뇩다라삼먁삼보리의 법은 없습니다. 부처님의 법문 또한 그러합니다. 그 때 그 장소의 그 중생에게 맞는 법문을 일러주셨을 뿐, 어느 시대 어느 곳의 중생일지라도 똑같이 적용되는 법문을 하신 것이 아니었습니다.

소화가 되지 않는 중생에게는 훼스탈의 법문을 들려주셨고, 머리 아픈 중생에게는 게보린 법문을 설하여 치료하셨습니다. 그런데 게보린 법문을 듣고 머리 아픈 것이 나았다고 하여 배 아픈 사람에게 '게보린을 먹으라'고 하여서야 되겠습니까? 무유정법! 병에 따라 약을 주는 것일 뿐, 만명통치의 정해진 법이 없음을 우리는 분명히 알아야 합니다.

그래서 부처님께서는 위없는 진리를 얻었다는 말씀도 하지 않으셨고, 설한 바 법이 있다고 주장하지도 않았습니다. 왜입니까? '진리를 얻었다'거나 '설한 법이 있다'는 자체가 상(相)에 대해 집착하는 것이기 때문입니다.

그럼 '없다'고 하면 상에 대한 집착을 벗어버릴 수가 있습니까? 아닙니다. '있다'고 하여도 상에 걸리고, '없다'고 하여도 상에 걸립니다. '있다'고 하여도 맞지 않고, '없다'고 하여도 맞지 않은 것입니다.

그렇다면 어떻게 하여야 상에 걸리지 않게 되는 것인가? 가령 '관세음보살' 염불하는 이라면 관세음보살을 직접 만나야 합니다. 관세음보살을 직접 만나 관세음보살의 살을 잡고 흔들어 보아야 합니다. 그 다음에는 '가짜다' 하여도 되고 '진짜다' 하여도 되지만, 그 전까지는 모두가 진실이 아닙니다.

직접 체험 그 이전까지는 '부처님은 깨달으신 분'이라 하여도 상에 걸리고, '부처님께서는 분명히 설한 것이 있다'고 하여도 상에 걸릴 뿐입니다. 직접 체험 이전에 상(相)에 집착하여 깨달음의 문으로 들어서지 못하는 중생들! 부처님께서는 이를 안타깝게 여겨 당신께서 깨달으신 상에도 법문의 상에도 집착하지 말라며 '무유정법'의 가르침을 천명하신 것입니다. 하지만 이것이 다는 아닙니다.

곧, 상에 빠져드는 '나'의 분별, '나'의 망상, '나'의 착각을 벗어버리고 직접 체험의 길로 나아가도록 하기 위해 무유정법의 가르침을 편 것이지, 실제로 모든 것이 '없다'는 가르침이 아니라는 것을 우리는 잘 새길 줄 알아야 합니다. 그래서 수보리존자는 말합니다.

"여래께서 설하시는 법은 가히 다 취할 수도 없고 가히 다 말할 수도 없으며, 법도 아니요 법 아님[非法]도 아니다."

실로 부처님의 가르침은, '모든 집착을 깨뜨리며 나아가 마지막 결정은 직접 체험을 통하여 네가 내리라'는 것입니다. 목이 말랐을 때 마셔본 그 물맛은 스스로만이 표현할 수 있을 뿐, 옆의 사람이 '달콤하지?', '짭짤하지?' 한들 정답이 되지 못한다는 것입니다.

깨달음의 문을 여는 불자들은 모쪼록 확실히 알아야 합니다. 부처님의 말씀이라고 하여 '무조건 옳다'며 집착할 필요도 없고 까닭없이 배척하여서도 안 되며, '이 법이라야만 한다'거나 '저 법은 필요가 없다'고 하여서는 안 된다는 것을! 그래서 금강경에서는 말했습니다.

"모든 현성들은 다 무위법(無爲法)으로 차별을 삼기 때문이다."

실로 부처님을 비롯한 성현들은 무위법으로서 차별을 삼습니다. 무위법으로 일체 중생을 교화하기 때문에 그 법을 무조건 집착하여서도 안 되고 배척하여서도 안 되는 것입니다.

그럼 무위법(無爲法)이 무엇인가? 무위법은 유위법(有爲法)의 반대입니다. 유위법이 '함이 있는 법'이라면 무위법은 '함이 없는 법'이라고 합니다. '함'이 있다·없다고 하니 잘 이해가 되지 않을 것이나, 이 '함'을 '조작됨·인위적'이라는 단어로 바꾸면 조금 이해가 빠를 것입니다.

곧 조작됨이 없는 법이 무위법이요, 분별하는 마음이 개입되지 않고 자연스럽게 이루어지는 것이 무위법입니다. 본질적으로 고요하고 텅 빈 그 자리에서 나오는 법이 무위법이요, 감정이나 욕심이 움직이기 이전의 자리에서 나오는 법이 무위법이며, 저절로 이루어지고 그냥 이루어져 있는 법이 무위법입니다.

따라서 '무위법으로 차별을 삼는다'는 말씀은 봄바람과 같이 처세한다는 이야기입니다.

봄이 되면 봄바람이 불고, 이 봄바람이 불면 벚나무에는 벚꽃이, 살구나무에는 살구꽃이 피어나며, 진달래도 개나리도 꽃을 피웁니다. 그런데 봄바람은 그냥 따뜻한 바람만을 아낌없이 줄 뿐입니다. 벚꽃은 예쁘니까 바람을 많이 주고, 개나리는 미우니까 바람을 적게 주지 않습니다. 그냥 차별없이 바람을 줄 뿐입니다. 그리고 나무들은 각각이 지닌 업대로 바람의 도움을 받아 나름대로의 꽃을 피우는 것입니다.

이 봄바람처럼 일체의 현성들도 사회생활을 할 때 차별심을 가지고 이렇게 저렇게 대처하지 않습니다. 봄바람같은 무위심(無爲心), 봄바람같은 무위법(無爲法)으로 중생들이 지니고 있는 근기(根機)대로 발아하게 해 줍니다.

현성은 봄바람같은 무위법으로 베풀고, 중생은 각각이 지니고 있는 근기대로 받는 것. 이것이 '모든 현성들은 다 무위법으로 차별을 삼는다'는 도리입니다.

그러므로 우리 불자들은 분별하는 상을 비우고 집착을 비워야 합니다. 비워야 봄바람같은 부처님의 무위법을 남김없이 담을 수 있습니다. 아울러 부처님의 가르침에 의지하여 마음을 허공처럼 맑히며 어떤 불빛을 체험하는 차원에까지 나아가야 합니다.

  그때까지는 원을 따라 한결같이 나아가야 합니다. 남이 '이게 좋다'고 하여 이것을 취하고, '저기가 좋아 보인다'고 하여 저리로 가서는 안 됩니다. 그야말로 직접 체험의 그날까지 흔들림없이 나아가야만 어느날 문득 무위법과 합치할 수 있게 됩니다. 부디 잘 명심하시기 바랍니다.

依法出生分 第八
의 법 출 생 분 제 팔

須菩提여 於意云何오 若人이 滿三千大千世界七寶로 以用布施하면 是人의 所得福德이 寧爲多不아

須菩提言하사대 甚多니이다 世尊하 何以故오 是福德이 卽非福德性일새 是故로 如來說福德多니이다

若復有人이 於此經中에 受持乃至四句偈等하야 爲他人說하면 其福이 勝彼하리니 何以故오 須菩提여 一切諸佛과 及諸佛- 阿耨多羅三藐三菩提法이 皆從此經出이니 須菩提여 所謂佛法者는 卽非佛法이니라

수보리여, 네 생각은 어떠하냐? 어떤 사람이 삼천대천세계에 가득 찰 만큼의 일곱 가지 보배로써 보시를 하였다면, 그 사람의 얻는 바 복덕이 많겠느냐 적겠느냐?

수보리가 아뢰었다.

매우 많겠나이다, 세존이시여. 왜냐하면 이 복덕은 복덕성(福德性)이 아니기 때문입니다. 그러므로 여래께서는 복덕이 많다고 하셨습니다.

만약 어떤 사람이 있어 이 경 속의 사구게(四句偈)만이라

도 받아 지녀서 남을 위하여 설해 준다면, 그 복덕은 앞에서 말한 복덕보다 훨씬 더 뛰어나리라. 무슨 까닭인가? 수보리여, 모든 부처님과 모든 부처님의 아뇩다라삼먁삼보리법이 모두 이 경전에서 나오기 때문이니라. 수보리여, 이른바 불법이라는 것은 곧 불법이 아니니라.

제7「무득무설분」에서는 무위법(無爲法)에 의거하여 보면 얻었다고 할 것도 설하였다고 할 것도 없음을 밝혔고, 이제 제8「의법출생분(依法出生分)」에서는 이 세상의 모든 일이 법에 의지하여 생겨난다는 것을 깨우쳐주고 있습니다. 부처님께서는 수보리존자에게 물었습니다.

"이 세상 사람들이 참으로 귀하게 여기는 금·은·유리·파리(수정)·자거(백산호)·마노·진주의 일곱 가지 보배로, 우리가 살고 있는 지구세계의 백억 배나 되는 삼천대천세계를 가득 채울 만큼 보시를 하였다면, 그 사람이 받게 될 복덕의 과보가 얼마 만큼이나 많겠느냐?"

이 질문에 대해 수보리존자는 '매우 많겠나이다' 라는 당연한 답을 합니다. 그런데 그 다음의 말이 아주 묘합니다.

"왜냐하면 이 복덕은 복덕성(福德性)이 아니기 때문입니다. 그러므로 여래께서는 복덕이 많다고 하셨습니다."

이 말 속에 담긴 뜻이 무엇일까요? 소년소녀 가장을 돕거나 모르는 이의 수술비를 마련해 주는 일만 하여도 신문이나

TV에 소개되고 칭찬을 받는 것을 비추어 볼 때, 이 우주에 가득 찰 만큼의 칠보를 가지고서 남에게 베푼다면 그 사람이 존경받고 앞으로 얻게 될 복덕이 어떠할 지는 가히 상상하고도 남을 것입니다. 그런데도 '그 복덕은 복덕성이 아니다' 라고 하였습니다.

복덕의 성(性). 동양철학에서는 이 '성(性)'을 불변의 본질로 보고 있습니다. 아무리 주변 환경이 바뀌어도 결코 변하지 않는 근본 되는 것을 '성'이라는 글자로 표현합니다.

바꾸어 말하면, 이 성(性)은 무성(無性)이요 공성(空性)입니다. 무성이요 공성이기에 빛깔도 소리도 냄새도 맛도 없으며, 보고 듣고 느낄 수 있는 것이 아닙니다. 그렇다고 하여 그것이 없는 것 또한 아니기에 그냥 '성(性)'이라는 이름으로 표현하는 것입니다.

보고 듣고 느낄 수도 없는 이 성의 자리에는 그 어떠한 것도 붙을 수가 없습니다. 칠보로 삼천대천세계를 가득 채울 만큼 보시를 하였다 하더라도 이 성의 자리에는 어떠한 영향도 미치지 못합니다. 왜냐하면 단순한 보시의 인과응보는 성(性) 밖의 윤회하는 세계를 맴돌 뿐, 참된 성품과는 무관하다는 것입니다.

정녕 우리의 보시가 성의 자리로 통하려면 집착이 없는 무주상(無住相)의 보시라야만 합니다. 무주상의 보시가 되면 성의 자리로 통할 수 있지만 물질의 보시는 물질적인 복덕으로 끝날 뿐, 성(性)의 자리, 법(法)의 세계, 진리의 세계, 정신 세계의 원천으로 나아가게 하지를 못합니다.

미혹 속에서 고난과 함께하며 살아가는 우리 중생들에게 진실로 중요한 것은 무엇입니까? 꼬리에 꼬리를 물고 돌아가는 윤회 속의 행복입니까? 아닙니다. 언제나 변함없는 성의 자리, 언제나 깨어있는 법의 자리로 돌아가는 것입니다.

물질의 복덕은 끝이 있지만, 그 성의 자리, 법성의 세계에 깃든 복덕은 끝이 없습니다. 쓰고 쓰고 또 써도 줄어들지 않습니다. 진정 우리 불자들이 돌아가야할 곳은 이 성의 자리이며, 꼭 해야 할 일은 그 속의 무궁한 복덕을 개발하여 뭇 중생과 더불어 사용하는 일입니다.

이 복덕성(福德性)의 자리는 우리에게 있는 보배 창고입니다. 참으로 우리가 현명한 이라면 '나' 밖에 있는 보배를 찾아 헤맬 것이 아니라, '나' 스스로가 가지고 있는 보배 창고를 찾아서 열고, 창고 속의 다함없는 보배를 사용할 줄 알아야 합니다. 그 무궁무진한 보배를 일체 중생과 더불어 사용하는 것이야말로 무엇보다도 중요하고 요긴한 일입니다.

그럼 윤회의 삶 속에서 방황하고 있는 우리가 무엇을 통하여 불변의 본성을 찾고 '나'의 보배 창고를 열 것인가? 그것은 법(法)입니다. 모든 집착을 뛰어넘는 진리에 의지하여 찾아 들어갈 수 있습니다. 그렇다면 그 법은 무엇입니까? 모든 집착을 놓게 하는 금강경의 가르침입니다. 부처님과 같은 깨달음을 이루게 해주는 금강경의 가르침입니다. 그래서 부처님께서는 강조하셨습니다.

"만약 어떤 사람이 있어 이 경의 사구게(四句偈)만이라도 받아 지녀서 남을 위하여 설해준다면, 그 복덕은 삼천대천세계를 가득 채울 만큼의 칠보로써 보시하는 복덕보다 더 뛰어나니라. 무슨 까닭인가? 수보리여, 모든 부처님과 모든 부처님의 아뇩다라삼먁삼보리의 법이 모두 이 경전에서 나오기 때문이니라."

이는 법시(法施)의 복덕이 재시(財施)의 복덕보다 더 크다는 말씀입니다. 물질의 복이나 물질의 공덕보다는 진리의 복과 공덕, 법의 복과 공덕이 더 크다는 가르침입니다.

여기서 우리 불자들이 흔히 동참하는 불사와 연결시켜 보시하는 마음가짐에 대해 잠깐 언급하고자 합니다.

불사에 시주를 하면 복이 깃든다고 합니다. 그래서 복을 받기 위해서라도 시주를 즐겨합니다. 그런데 시주를 할 때 참으로 이상한 경우가 있습니다. 그것은 불상을 모신다고 할 때 돈 많은 사람들에게서 흔히 들을 수 있는 이야기입니다.

"부처님을 모시는 데 필요한 경비는 저 혼자 모두 내겠습니다. 스님! 절대로 다른 사람의 돈을 받으시면 안됩니다."

화장실을 만들거나 길을 닦거나 계단을 만들 때는 보시를 하고자 하지 않으면서, 불상을 모시는데는 왜 혼자 독차지하려는 것일까요? 바로 복덕을 기대하기 때문입니다. 부처님을 조성하여 길이길이 축복을 받으며 잘 살아보겠다는 바로 그 욕심 때문입니다.

물론 이러한 보시에도 복덕은 뒤따릅니다. 하지만 끝이 있는 복을 지을지언정 자신의 깨달음과는 전혀 무관합니다. 오히려 복덕을 독차지하고자 하는 그 욕심에 대한 과보는 '나'의 몫이 됩니다. 따라서 참으로 잘 보시를 하고자 하면 평소에 정성껏 축원을 하며 모은 돈이나 물질로 시주를 하는 것이 좋습니다. 나를 자주 찾아오는 한 불자의 예를 들겠습니다.

❋

박봉의 남편 월급으로 아들딸 넷을 기르며 살았던 보리심보살은 절에 다니고 있었으나 보시를 하는 것이 쉽지 않았습니다. 어느 해 정월 대보름날, 보리심보살은 서울 성북동의 정법사에 갔다가, 한 신도가 부처님 전에 쌀 두 가마니를 바치는 것을 보았습니다. 그것이 그렇게 부러울 수가 없었습니다.

'나도 부처님께 바치고 싶다.'

하지만 쌀 한 되 따로 살 형편이 되지 않았던 보리심보살로서는 어쩔 수 없는 노릇이었습니다. 그런데 문득 한 생각이 떠올랐습니다.

'우리 가족의 아침밥을 하고 저녁밥을 지을 때 쌀 한 숟가락씩만 덜어내어 따로 모으자. 그것을 부처님께 바쳐야지.'

그날부터 보리심보살은 밥을 지을 때마다 쌀 한 숟가락씩을 덜어 다른 봉지에 담아 넣으면서 가족 한 사람 한 사람에 대한 축원을 올렸습니다. 그리고 한 달에 한번씩 절에 가지고 가서 쌀봉지를 부처님께 바쳤습니다.

그런데 묘한 일이 일어났습니다. 그 이후로는 양식 때문에 고생하는 일이 없어졌고, 남편 일도 잘 풀리고 자식들도 모두 대학을 나와 결혼하고 아들딸 낳고 아무런 탈없이 잘 살게 된 것입니다.

그 뒤 보리심보살은 꾸준히 쌀을 모으면서 염한 축원과 보시 공덕의 체험담을 주변의 신도들에게 들려주며 권했습니다.

"내가 그렇게 해 보니 참으로 영험이 있습디다. 한번 해 보세요. 정말 기대 이상의 가피가 뒤따릅니다."

보리심보살은 광목을 사서 직접 쌀자루 2백 개를 만들어 주위 사람들에게 나누어 주었고, 그들도 보리심보살처럼 축원하고 보시하여 훌륭한 결실을 맺었습니다.

수원의 보리심보살처럼 정성이 깃든 공양미, '나'의 축원이 깃든 공양미를 부처님 전에 올리면 복덕이 함께 갖추어집니다. 복덕은 물질로만 이루어내는 것이 아닙니다. 정성이 깃들어야 합니다. 돈이 있다고 하여 불사(佛事)에 마구 돈을 희사하기보다는, 정성이 깃들고 축원이 깃든 돈을 바쳐야 합니다.

오히려 평소에 불사에 쓸 돈을 모으십시오. 가족이 셋이면 셋, 넷이면 넷, 한 사람당 5백 원이라도 좋고 천 원이라도 좋습니다. 형편대로 쉽게 할 수 있는 액수를 정하여 돼지저금통에 넣으십시오.

절대로 그 돈을 그냥 넣지 마십시오. 남편 몫으로 돈을 넣으면서 남편을 축원해 드리고, 아들 몫으로 돈을 넣으면서 아들을 축원해주고, 딸의 몫으로 돈을 넣으면서 딸을 축원해주고, 내 몫으로 돈을 넣으면서 내 축원을 하십시오.

"부처님! 이 돈은 ○○○의 몫입니다. ○○○가 항상 건강하옵고, 원하는 바가 꼭 이루어지도록 하옵소서."

하루 이틀 생각하다가 말고, 답답하면 하는 축원이 아니라, 매일매일 꾸준히 하는 축원이라야 결실을 맺습니다. 거듭거듭 끈기있게 밀고 나가는 축원이라야 힘이 모이고, 힘이 모여야 능히 어려움과 장애를 돌파할 수 있는 것입니다.

하루 백 원씩이라도 좋습니다. 잊지 말고 저금통에 넣으면서 꼭 축원하십시오. 간절히 축원을 하십시오. 그 축원이 무한공덕을 이루어 반드시 좋은 열매를 맺게 합니다.

그리고 모은 돈으로 불사를 하십시오. 스님에게 드려서 불사에 쓰도록 하여도 좋고, 법공양에 사용하여도 좋고, 가난한 이웃에게 주어도 좋습니다.

특히 법보시에 사용하면 그 복과 공덕은 더욱 커집니다. 왜냐하면 법보시를 통하여 서로의 깨달음을 이룰 수 있기 때문입니다. 서로가 깨달음을 이루는 법보시야말로 서로를 근원적으로 살리고 근원적으로 복덕을 쌓게 해주는 진정한 불사(佛事)라는 것을 잊지 마시기 바랍니다.

하지만 또 한 가지 기억할 것이 있습니다. 부처님께서는 금강경에서, 이 법보시에 대한 집착까지도 허락하지 않았고, 그 집착을 비우도록 하기 위해 말씀하셨습니다.

"수보리여, 이른 바 불법이라는 것은 불법이 아니니라."

법이란 그 이름이 법일 뿐이므로 절대로 집착하지 말라는 뜻에서 이렇게 가르치신 것입니다.

여기서 이제까지 공부한 것을 다시 한번 되돌아봅시다.

금강경의 대의는 철두철미하게 대우주의 뿌리를 이루고 있는 절대 공(空)을 강조하고 있습니다. 따라서 금강경 법문은 현재 우상과 계급과 착각에 빠져 살아가는 사람을 철저히 부정하여 털어내고자 합니다. 곧 우상과 착각이라는 병을 치유하기 위해 끝없는 부정의 법문을 펼치는 것입니다.

가만히 자신을 되돌아보십시오. 우리는 언제나 상대적인 생각에 휩싸여 살아가고 있습니다. 있다 · 없다, 부처다 · 중생이다, 스님이다 · 신도다, 깨쳤다 · 미했다, 안다 · 모른다, 영리하다 · 둔하다, 좋다 · 나쁘다 등등의 두 극단에 사로잡혀 살아가고 있습니다.

그러나 상대적인 세계에 사로잡혀 있는 이상에는 대우주의 보편 타당한 진리를 체험할 수도 없고, 절대적인 행복이나 자유도 '나'의 것으로 만들지 못합니다. 그래서 금강경에서는 상대적인 세계에 빠져있는 인간의 집착을 모두 놓아버릴 것을 가르치고 있습니다.

"무주상(無住相)하라"

"무위법으로 살아라."

"신상(身相)은 신상이 아니다."

"불법이라는 것은 불법이 아니다."

정녕 금강경을 공부하는 우리는 부처님의 모습에 대한 집착도, 내가 아는 불법에 대한 집착도 넘어서서 살아야 합니다. 그리고는 마침내 '나'와 '진리'에 대한 집착까지 완전히 놓아버려야 합니다. 그리하여 상에 집착함이 없는 무주상을 실천하고 봄바람과 같은 무위법을 쓰며 살아야 합니다.

봄바람은 '저 나무의 꽃을 붉게 만들어야겠다. 노랗게 만들어야 되겠다'는 생각이 없습니다. 그냥 아무런 차별없이 모든 나무들에게 따스한 바람을 안겨 줍니다.

금강경을 공부하는 우리도 이 봄바람처럼 되어야 합니다. 아들이니까 이렇게 해주고 딸이니까 저렇게 해준다는 차별적인 생각을 놓아 버리고, '내 자식이다. 내 남편이요 내 아내다'는 집착을 놓아버리고, 봄바람처럼 해주어야 합니다. 정성을 다하는 봄바람이 되어, 아들은 아들대로 딸은 딸대로, 남편은 남편대로 아내는 아내대로, 각각 자기의 본성따라 계발을 할 수 있도록 해드리면 됩니다.

그런데 우리는 어떠합니까? 처음부터 '나'의 쪽에서 상대에 대한 희망과 관념을 만들어 놓고, 생각을 하고 말을 하고 행동을 합니다. 이렇게 하거늘 우리의 실천이 어떻게 바를 수가 있겠습니까?

진정으로 상대를 사랑하고 위한다면 봄바람처럼 해 줄 뿐, '나'의 관념이나 희망에 빠져서는 안 됩니다. 우리가 부처님을 믿으면서 기도하고 절하고 매달리면서도 뜻과 같이 이루어지지 않는 까닭이 바로 여기에 있습니다.

그럼 누가 이 문제를 풀어야 합니까? 열쇠를 쥔 사람이 풀어야 하며, 그 열쇠를 쥔 사람은 바로 '나'입니다. 열쇠! 그것이 무엇입니까? 바로 '나'의 마음입니다. '나'의 마음을 확 풀어버리면 됩니다. 절대로 '남'이나 '남'의 마음이 아닙니다. '남'의 마음이 풀리기를 바랄 것도 아닙니다.

얽히고 설킨 '나'의 마음을 풀고 봄바람이 되는 것! 봄바람이 되어 모두 함께 살아나는 것! 이것이 금강경의 가르침이라는 것을 명심하시기 바랍니다.

一相無相分 第九
일 상 무 상 분 제 구

　須菩提여 於意云何오 須陀洹이 能作是念하대 我得須陀洹 果不아

　須菩提- 言하사대 不也니이다 世尊하 何以故오 須陀洹은 名爲入流로대 而無所入이니 不入色聲香味觸法일새 是名須陀洹이니이다

　須菩提여 於意云何오 斯陀含이 能作是念호대 我得斯陀含 果不아 須菩提- 言하사대 不也니이다 世尊하 何以故오 斯陀含은 名一往來로대 而實無往來일새 是名斯陀含이니이다

　須菩提여 於意云何오 阿那含이 能作是念호대 我得阿那含 果不아

　須菩提言하사대 不也니이다 世尊하 何以故오 阿那含은 名爲不來로대 而實無不來일새 是故로 名阿那含이니이다

　須菩提여 於意云何오 阿羅漢이 能作是念호대 我得阿羅漢 道不아

　須菩提- 言하사대 不也니이다 世尊하 何以故오 實無有法- 名阿羅漢이니 世尊하 若阿羅漢이 作是念하대 我得阿羅漢道 라 하면 卽爲着我人衆生壽者니이다

世尊하 佛說我得無諍三昧人中-最爲第一이라 是第一離欲阿羅漢이라 하시니 世尊하 我不作是念하대 我是離欲阿羅漢이라 하노이다

世尊하 我若作是念하대 我得阿羅漢道라 하면 世尊이 卽不說須菩提- 是樂阿蘭那行者라 하시려니와 以須菩提-實無所行일새 而名須菩提- 是樂阿蘭那行이라 하시나이다

수보리여, 네 생각은 어떠하냐? 수다원이 스스로 생각하기를, '나는 수다원과(須陀洹果)를 얻었노라'고 하겠느냐?

수보리가 아뢰었다.

아니옵니다, 세존이시여. 왜냐하면 수다원을 이름하여 입류(入流)라고 하나 들어간 바가 없으니, 색성향미촉법에 들어가지 않았으므로 수다원이라 이름하옵니다.

수보리여, 네 생각은 어떠하냐? 사다함이 스스로 생각하기를, '나는 사다함과(斯陀含果)를 얻었노라'고 하겠느냐?

수보리가 아뢰었다.

아니옵니다, 세존이시여. 왜냐하면 사다함을 이름하여 일왕래(一往來)라 하지만, 실제로는 가고 옴이 없으므로 사다함이라 이름하옵니다.

수보리여, 네 생각은 어떠하냐? 아나함이 스스로 생각하기를, '나는 아나함과(阿那含果)를 얻었노라'고 하겠느냐?

수보리가 아뢰었다.

아니옵니다, 세존이시여. 왜냐하면 아나함을 이름하여 불래(不來)라고 하지만, 실제로는 오지 않음이 없으므로 아나함이라 이름하옵니다.

수보리여, 네 생각은 어떠하냐? 아라한이 스스로 생각하기를, '나는 아라한과(阿羅漢果)를 얻었노라'고 하겠느냐?

수보리가 아뢰었다.

아니옵니다, 세존이시여. 왜냐하면 실제의 진리에는 아라한이라는 이름이 없기 때문입니다. 세존이시여, 만약 아라한이 스스로 생각하기를, '나는 아라한과를 얻었노라'고 하면, 그것은 곧 아상·인상·중생상·수자상에 집착함입니다.

세존이시여, 부처님께서는 저를 '무쟁삼매(無諍三昧)를 얻은 사람들 중에 최고요 욕심을 떠난 제일의 아라한'이라고 하시지만, 제 스스로는 '내가 욕심을 떠난 아라한이다'라는 생각을 하지 않나이다.

세존이시여, 제가 만약 '나는 아라한도(阿羅漢道)를 얻었다'고 생각한다면, 세존께서 '수보리는 아란나행(阿蘭那行)을 즐기는 이'라고 말씀하지 않을 것이옵니다. 그러나 수보리의 행하는 바가 실로 없기 때문에 '수보리는 아란나행을 즐기는 이'라고 말씀하시나이다.

제8「의법출생분」에서는 이 세상의 모든 복덕이 법에 의지하여 생겨난다는 것을 일깨워주셨고, 여기 제9「일상무상분

(一相無相分)」에서는 수행의 어떠한 경지에도 집착됨이 없어야 함을 밝히고 있습니다.

부처님께서는 수많은 대승경전 가운데 금강경을 가장 먼저 설하셨습니다. 곧 금강경은 부처님께서 소승의 수행자들이 범하는 잘못을 바로잡아 대승의 길로 이끌어 들이기 위해 설하신 최초의 경전인 것입니다.

따라서 금강경에는 소승의 수행자들이 벗어나지 못하는 집착을 놓아버리게 하는 법문들이 여러 곳에 수록되어 있으며, 이「일상무상분」도 소승의 수행자가 성취하게 되는 네 가지 수행 도달점, 곧 4과(四果)를 설법의 대상으로 삼은 것입니다.

4과(四果)는 금강경의 본문에 보이는 수다원·사다함·아나함·아라한의 네 단계입니다. 먼저 이들 하나하나에 대해 설명을 한 다음, 경문의 뜻을 살펴보도록 합시다.

소승 4과의 첫번째 도달점인 수다원(Śrota-āpanna)은 '입류(入流)'·'예류(預流)'라고 번역하며, '미혹을 끊기 시작함으로써 성자의 흐름 속으로 들어간 자'라는 뜻입니다. 곧 불법을 닦아 영원한 평안의 경지로 나아가는 사람을 가리킵니다.

그럼 보통의 사람과 수다원은 어떻게 다른가? 보통 사람은 눈〔眼〕·귀〔耳〕·코〔鼻〕·혀〔舌〕·몸〔身〕·뜻〔意〕의 6근(六根)으로 빛깔〔色〕·소리〔聲〕·냄새〔香〕·맛〔味〕·촉감

〔觸〕·법〔法〕의 여섯가지 대상(이를 六境 또는 六塵이라 함)에 집착하여 생사윤회의 세계를 흘러다닙니다.

그러나 불교를 믿고 생사윤회의 흐름을 거슬러 올라가겠다는 결심하에 부지런히 정진하여 6근이 6경에 의해 흔들리지도 물들지도 않게 되면 수다원과를 성취하게 되는 것입니다. 그리고 수다원과를 성취하게 되면 탐욕과 분노와 어리석음(貪·瞋·癡)으로 인한 거칠고 무거운 번뇌들이 생겨나지 않게 되므로, 다시는 지옥·아귀·축생·아수라 등의 몸을 받지 않게 됩니다.

소승 4과의 두번째인 사다함(Sakṛdāgāmin)은 '일래(一來)' 또는 '일왕래(一往來)'라고 번역하며, 범어를 직역하면 '한번 되돌아오는 자'입니다.

인도에서는 전통적으로 '완전히 깨달은 성자라면 다시 태어나지 않는다'고 이야기 합니다. 아직 완전히 깨닫지 못한 사다함은 죽은 다음 천상에 태어났다가 다시 인간의 몸을 받아 완전한 깨달음을 이루게 되므로, '일래' 또는 '일왕래'라고 하는 것입니다.

이 사다함의 경지에 이르면 잠시 되돌아보는 생각을 일으키기는 하나 그 생각에 집착을 하지 않습니다. 곧 스스로가 행한 일이나 대상에 대해 한 차례 생각이 흔들리는 듯하다가, 다시는 흔들리지 않는 것입니다. 예를 들면, 열심히 수행을 하다가 '내가 잘 하고 있는가, 아닌가?' 하며 멈칫하는 것이 그것입니다.

소승 4과의 세번째 도달점인 아나함(Anāgāmin)은 '불환(不還)'·'불래(不來)'·'출욕(出欲)' 등으로 번역하며, 범어를 직역하면 '결코 돌아오지 않는 자'라는 뜻입니다.

이 아나함은 우리가 살고 있는 욕계(欲界)의 번뇌를 모두 끊어 욕계를 완전히 벗어난 성자이기 때문에 '출욕'이라고 하며, 죽은 다음 색계(色界)나 무색계(無色界)에 태어날 뿐 다시는 우리가 살고 있는 욕계로 되돌아오지 않으므로 '불환' 또는 '불래'라고 하는 것입니다.

아나함의 경지에 이르게 되면 재물욕·색욕·식욕·명예욕·수면욕의 5욕(五欲)을 완전히 벗어나게 됩니다. 바깥의 대상에 대한 욕심이 완전히 끊어져 마음이 결정코 흔들리지 않는 차원에 이르렀으므로, 주춤하거나 뒤돌아봄이 없이 한결같이 향상의 길을 걷습니다.

소승 4과의 마지막 도달점인 아라한(Arhat)은 '응공(應供)' 또는 '무쟁(無諍)'으로 번역합니다. 안과 밖이 항상 고요하여 다툼이 없으므로 '무쟁'이라 하고, 모든 번뇌를 다 끊어 마땅히 공양을 받을만한 분이기 때문에 '응공'이라 한 것입니다.

아라한의 차원에 이르게 되면 탐하는 마음과 성내는 마음이 없고 더이상 끊어야 할 번뇌가 없으며, 어떠한 경우에 처하더라도 '어긋난다·맞는다(違·順)'는 생각이 없다고 합니다.

　이러한 아라한은 언제나 무쟁삼매(無諍三昧) 속에 머무릅니다. 그렇다면 아라한이 머무르는 무쟁삼매란 무엇인가?
　나와 남, 주관과 객관이 다 비어있고 안과 밖이 항상 고요할 뿐아니라, 언제나 근본 지혜가 밝게 비치는 속에 있는 것을 무쟁삼매의 경지라고 합니다.
　그리고 무쟁삼매를 이룬 아라한은 아란나행(阿蘭那行)을 실천합니다. 아란나행이란 무엇인가? 아란나행은 적정행(寂靜行)이요 무쟁행(無諍行)이요 청정행(淸淨行)입니다. 번뇌가 없는 적정행, 다툼이 없는 무쟁행, 한없이 맑은 청정행을 실천합니다.
　실로 청정행을 이루기 위해서는 '무엇을 얻겠다는 마음(有所得心)'이 없어야 합니다. 결과를 기대하고 보답을 바라고 이익을 얻고자 하면 자연히 마음이 흔들리고, 마음이 흔들리면 맞고 맞지 않음에 대한 다툼이 생겨나게 되며, 다툼이 심해지면 번뇌가 끊일새 없이 일어나게 되는 것입니다.
　이제 금강경의 본문을 간략히 살펴봅시다. 이「일상무상분」에서는 부처님의 비슷한 질문에 대한 수보리존자의 비슷한 답이 계속됩니다. 그 질문과 답은, 수다원·사다함·아나함·아라한이 스스로 그 경지를 이루었다고 집착하게 되면 그는 곧 수다원도 사다함도 아나함도 아라한도 아니라는 것입니다.

부처님과 수보리존자가 이렇게 문답한 까닭은, 어떤 자리에 있더라도 집착이 없어야 하고 어떤 경지에 이르렀더라도 상(相)에 머무르지 않아야 함을 깨우쳐 주고자 하신 것입니다.

만약 어떤 수행자가 아상(我相)·인상(人相)·중생상(衆生相)·수자상(壽者相)의 4상(四相)에 머무르고 있다면, 그는 무조건 성인의 경지에 들어간 사람이 아닙니다. 어떤 수행자가 스스로 깨달았음을 내세우는 아상에 빠져 다른 사람들을 경시하는 인상을 일으키고, 잘잘못을 시비하는 중생상이나 대접을 받고자하는 수자상을 갖는다면 그는 결코 수행자가 아닙니다. 오직 그는 범부(凡夫)일 뿐입니다.

그러므로 불법을 공부하는 이들은 절대로 상에 집착하지 말아야 하고, 자기가 있는 자리나 수행의 경지에 연연하지 말아야 합니다. 그런데 불행히도, 오늘날의 우리나라 절집안을 보면 그렇지 않은 경우가 너무나 많이 노출되고 있습니다.

❈

몇 년전 통도사에 법문을 하러 갔을 때의 일입니다. 큰 절에는 부엌에서 대중의 음식을 총책임지는 '별좌(別座)'라는 직책이 있는데, 그때의 통도사 별좌스님은 매우 젊은 분이었습니다. 출가한 지 몇 년이나 되었을까 싶은 그 스님은 거만이 몸에 배어 있었고, 예순이 넘은 선배스님을 대하는 것이 그야말로 안하무인이었습니다.

"절 집안에서 공밥을 먹어서야 되겠소? 일하소. 일해."

"예, 예."

그러한 모습을 보며 나는 혼자 생각했습니다.

'언제부터 절 집안이 이렇게 바뀌었는가? 나이로 보나, 실천으로 보나 저 젊은 별좌가 3~40년 선배인 노스님보다 나은 것이 무엇인가? 그런데도 젊은 스님은 별좌라는 직책 하나로 거드름을 피우고, 노스님은 그 직책에 눌려 굽신거리고….'

나는 씁쓸한 가슴을 안고 통도사 산문을 나와버렸습니다.

수십 년 전만 하여도 처음 승려가 되면 세 가지를 반드시 가르쳤습니다.

① 부처님을 부처님으로 섬길 줄 알아야 한다.
② 스승을 부처님으로 섬길 줄 알아야 한다.
③ 대중을 부처님으로 섬길 줄 알아야 한다.

그런데 오늘날은 묘하게 돌아가고 있습니다. 스승을 마음대로 바꾸는 제자가 있는가 하면, 대중을 우습게 아는 보직승려가 허다합니다. 수십 년 전에는 주지 뿐아니라 조실스님까지도 '대중방에서 들어오시라 합니다'고 하면 얼굴빛이 변할 만큼 대중을 두렵게 생각하였습니다.

그런데 지금은 어떠합니까? 높은 직책을 지닌 스님 가운데 대중 위에서 군림하는 이는 쉽게 찾아볼 수가 있고, 신도들 위에서 군림하는 스님은 부지기수입니다. '내가 주지요, 내가 스님'이라는 것입니다. 그래서 주지 쟁탈전까지도 마다하지 않습니다.

이렇듯 상(相)에 취하여 있는 것이 우리 불교계의 바른 모습입니까? 금강경의 제9「일상무상분」은 바로 이것을 깨우치고 있습니다.

정녕 우리는 상(相)을 떠나 무쟁삼매를 이루어야 합니다. 차츰 번뇌와 욕망을 벗어던지고 다툼이 없는 무쟁삼매의 경지에 이르러야 합니다. 우리라고 못 이룰 것이 없습니다. 매 생각마다 언제나 바르고 삿됨이 없는 경지, 한 조각의 번뇌도 집착도 없는 경지에 이르면, 수보리존자처럼 부처님으로부터, '최고의 무쟁삼매인이요 욕심을 떠난 제일가는 아라한'이라는 인가를 받을 수 있게 됩니다.

나아가 마땅히 아란나행을 즐길 줄 아는 참된 불자가 되어야 합니다. 남의 옳고 그른 것을 말하지 말고, 어떤 결과를 기대하거나 자리에 집착함이 없이, 꾸준히 청정행을 닦아가야 한다는 것입니다.

실로 짧디 짧은 인생살이에 우쭐거리고 따지고 다투고 집착할 것이 무엇입니까? 다시 한번 자신을 되돌아 보시기를 당부드립니다.

莊嚴淨土分 第十
장엄정토분 제십

　佛告須菩提하사대 於意云何오 如來昔在燃燈佛所하야 於法에 有所得不아

　不也니이다 世尊하 如來-在燃燈佛所하사 於法에 實無所得이니이다

　須菩提여 於意云何오 菩薩이 莊嚴佛土不아 不也니이다 世尊하 何以故오 莊嚴佛土者는 卽非莊嚴일새 是名莊嚴이니이다

　是故로 須菩提여 諸菩薩摩訶薩이 應如是生淸淨心이니 不應住色生心하며 不應住聲香味觸法生心이요 應無所住하야 而生其心이니라

　須菩提여 譬如有人이 身如須彌山王하면 於意云何오 是身이 爲大不아

　須菩提-言하사대 甚大니이다 世尊하 何以故오 佛說非身이 是名大身이니이다

　부처님께서 수보리에게 말씀하셨다.
　네 생각은 어떠하냐? 그 옛날에 여래가 연등불(燃燈佛)의

처소에서 법을 얻은 바가 있다고 생각하느냐?

　아니옵니다, 세존이시여. 여래께서는 연등불의 처소에서 실로 법을 얻은 바가 없습니다.

　수보리여, 네 생각은 어떠하냐? 보살이 불국토를 장엄하느냐?

　아니옵니다, 세존이시여. 왜냐하면 불국토를 장엄한다는 것은 곧 장엄이 아니요 그 이름이 장엄이기 때문입니다.

　그런 까닭에 수보리여, 모든 보살마하살은 마땅히 이와 같이 청정한 마음을 내어야 하나니, 마땅히 색(色)에 머물러 마음을 내지 말 것이요 소리와 냄새와 맛과 느낌과 법에 머물러 마음을 내지 말 것이며, 마땅히 머무는 바 없이 그 마음을 내어야 하느니라.

　수보리여, 비유하건데 어떤 사람의 몸이 수미산만하다면, 네 생각은 어떠하냐? 그 몸이 크다고 하겠느냐?

　수보리가 아뢰었다.

　매우 크겠나이다, 세존이시여. 왜냐하면 부처님께서는 몸 아닌 것을 말씀하시어 큰 몸이라고 이름하셨기 때문입니다.

　앞의 제9 「일상무상분」에서는 수행 중의 어떠한 경지에 대해서도 집착하지 말 것을 밝히셨고, 여기 제10 「장엄정토분(莊嚴淨土分)」에서는 정토를 장엄하는 방법이 무엇인가를 설하고 계십니다.

'정토(淨土)'란 불교의 이상세계인 불국토(佛國土)를 가리키며, '장엄'한다는 것은 이상적인 불국토를 만들기 위해 노력하는 것입니다.

이 「장엄정토분」에서 부처님께서는 수보리존자에게 '내가 연등불의 처소에서 법을 얻은 것이 있는가?'를 먼저 질문합니다. 그러자 수보리존자는 '진실로 법을 얻은 바가 없다'고 대답합니다. 이 문답 속의 법은 바로 '수기법문(授記法門)'이며, 다음과 같은 이야기가 전합니다.

❋

한없이 오랜 세월 전에 '선혜(善慧)'라는 보살이 불도를 닦고 있었을 때 연등불께서 이 세상에 출현하셨습니다. 선혜보살은 연등불께 공양을 올리고자 꽃을 구했습니다. 그러나 국왕이 부처님께 공양을 올리기 위해 온 나라의 꽃을 사들였으므로, 선혜보살은 어디에서도 꽃을 살 수가 없었습니다.

때마침 어떤 궁녀가 연등불께 바치고자 푸른 연꽃 일곱 송이를 품고 가는 것을 발견한 선혜보살은 그 꽃 한송이에 은전 백 냥씩을 주고 다섯 송이를 사서 연등불께 바쳤습니다.

그리고 연등불의 행차가 진흙탕에 다다르자, 선혜보살은 부처님의 발을 진흙이 더럽힐까 염려하여 입고 있던 옷을 벗어 길게 폈습니다. 옷이 진흙탕 길을 다 덮지 못하자 선혜보살은 긴 머리를 풀어 진흙을 덮었고, 그래도 모자라자 진흙탕에 몸을 던져 부처님께서 밟고 건너가시게 하였습니다. 이 때 연등불께서는 선혜보살을 찬탄하며 수기를 주셨습니다.

"아, 장하도다. 선혜여! 그대의 도를 구하는 정성은 참으로 갸륵하도다. 이렇듯 지극히 도를 구하는 정성으로, 그대는 오는 세상에 결정코 부처의 도를 성취하리니, 호를 '석가모니' 라 하리라."

이러한 연등불의 수기처럼, 석가모니부처님의 출현은 오래 전에 예견되어 있었습니다. 수기! 수행자가 부처님으로부터 '장차 부처가 된다'는 수기를 받는 것은 매우 획기적이고도 자부심을 갖게 하는 대사건입니다.

그러나 부처님은 물론이요 제자인 수보리존자 조차도 이를 단호히 제거하여 버립니다. 왜냐하면 '수기를 받았다'는 상에 집착하면 그것이 굴레가 되어 참된 깨달음을 이룰 수가 없다는 이유에서 였습니다. 도를 이루기 위해서는 어떠한 때도 묻지 않아야 하며, 아무리 좋은 것도 집착을 하면 때가 될 뿐이라는 것입니다.

부처님은 다시 '장차 부처가 될 보살들의 불국토 장엄'에 대해 질문을 던집니다.

"수보리야, 보살들이 불국토를 장엄하느냐?"

"아니옵니다. 왜냐하면 불국토를 장엄한다는 것은 장엄이 아니요, 그 이름이 장엄일 뿐입니다."

불국토를 장엄하는 것. 그것은 바로 보살의 수행입니다. 마땅히 보살이 해야 할 바입니다. 그런데도 부처님이나 수보리존자는 보살의 불국토장엄이 '참된 장엄이 아니라 그 이름이 장엄'이라고 하였습니다. 왜 이렇게 말씀하신 것입니까?

모든 보살은 자리이타행(自利利他行)과 갖가지 복덕을 쌓아 이상적인 불국토를 이룩하고자 합니다. 그러나 그것으로 불국토가 장엄되는 것은 아닙니다. 결코 불국토는 각종 보석이나 꽃·나무·그림 등으로 장식하는 것이 아닙니다.

불국토는 진리의 세계요 깨달음의 세계이며, 그 세계는 원래부터 완성되어 있습니다. 하지만 무명번뇌(無明煩惱) 속의 중생은 어둠에 가려 아예 보지 못하고, 수행을 많이 한 보살은 언뜻언뜻 그 모습을 봅니다. 그 또한 극히 일부분만 볼 뿐입니다. 왜 입니까? 마음이 완전히 맑아지지 못했기 때문입니다. 그래서 부처님께서는 말씀하셨습니다.

"모든 보살마하살은 마땅히 청정심을 내어야 한다."

청정심(淸淨心)! 그렇습니다. 마음이 맑아지면 저절로 이 세상이 맑아져 불국토로 바뀌고, 마음이 탁하면 이 세상이 그대로 고통의 세계입니다. 그러므로 보살이 마음을 맑혀 진리의 세계와 한 덩어리가 되면 불국토는 저절로 장엄되는 것입니다.

그럼 어떻게 하여야 청정심을 유지할 수 있는가? 부처님께서는 설하십니다.

"마땅히 색(色)에 집착하여 마음을 내지 말고, 소리·향기·맛·감촉·법에 집착하여 마음을 내지 말라."

그리고는 청정심을 이루는 최상의 법문을 설하셨습니다.

"응무소주 이생기심(應無所住 而生其心)! 마땅히 머무르는 바 없이 그 마음을 낼지니라."

응무소주 이생기심은 앞에서도 이야기하였듯이, 봄바람처럼 살고 봄바람이 지나가듯이 하라는 것입니다.

봄바람은 집착이 없습니다. 그러나 봄바람이 지나가고 나면 분명히 붉은 꽃도 피고 노란 꽃도 피고 푸른 잎도 돋아납니다. 이렇게 살면 그 뿐이건만, '내가 꽃을 피워주었다', '잎을 돋게 하였다'고 집착할 것이 무엇입니까?

자세히 돌이켜 보면 우리가 '마음'이라고 하는 것 또한 이름이 마음이지, '이것이 마음이다'고 할 그 무엇이 보이고 잡힙니까? 정녕 그 마음을 둥글다고 해야 합니까, 모나다고 해야 합니까, 세모꼴이라 해야 합니까? 노랗다고 할 것입니까, 붉다고 할 것입니까, 푸르다고 할 것입니까?

마음이라는 그 자체부터가 규정을 내릴 수 있는 것이 아닙니다. 어디가 시작이고 어디가 끝인지? 어디가 안이고 어디가 바깥인지? 크다고 해야 할지 작다고 해야 할지? 도무지 규정을 못내리는 것이 마음입니다.

그러한 마음에 대해 어떻게 집착을 하고, 어느 마음에 머물

것입니까? 그러므로 '머무르는 바 없이', 곧 응무소주(應無所住)라고 하신 것입니다.

그러나 마음은 없는 것도 무감각한 상태도 아니므로, 우리는 또렷또렷한 생각을 일으켜서 하나하나를 분명히 실천해야 합니다. 이것을 '마음을 낸다', 곧 이생기심(而生其心)입니다.

잘 살고 향상의 길로 나아가려면 마땅히 '응무소주 이생기심' 하여야 하건만, 우리는 틀에 박힌듯이 '내 자식이니까' 하는 생각으로 베풀고, '내 부모니까' 하는 생각으로 봉양을 합니다. 그리고는 '나'와 관련없는 것을 냉대시 합니다. 결코 이러한 우리가 되어서는 향상의 길이 없습니다.

태양이 온 세상을 비출 때를 생각해 보십시오. 태양은 높은 자리 낮은 자리, 붉은 자리 푸른 자리, 생물과 무생물을 구별하여 빛을 비추지 않습니다. 마냥 빛을 뿜어 산에도 비춰주고 바다에도 비춰주고, 사람·동물·풀·나무·바위·흙 할 것 없이 모두에게 그냥 비추어 줍니다. 그것이 '응무소주 이생기심' 입니다.

태양이 '나'라는 생각없이, '내가', '누구에게', '비춰준다' 는 생각없이 온누리에 빛을 주듯이, 우리도 '나' 에 머무르는 바 없이, 대상에 머무르는 바 없이 살아가면 저절로 청정심을 유지할 수 있게 됩니다. 집착함이 없이 마음을 내면 '나'와 상대가 모두 청정해지고, 서로가 맑아지면 걸릴 것도 문제가 될 것도 없습니다.

그런데도 우리는 '나'의 것에 대해 너무나 집착을 합니다. '나'와 '나'의 것, '나'에게 맞는 것과 맞지 않는 것 등을 집착하여 한 없는 갈등과 문제와 고통을 끌어냅니다. 나의 생각, 나의 사랑, 나의 가족, 나의 재산 등에 집착을 하고 집착따라 행동하기 때문에 결과가 어둡지 않을 수 없는 것입니다.

가만히 생각을 해 보십시오. '나'와 '나의 것'에 집착을 하여 나와 남, 나의 것과 남의 것을 갈라버리고 조각을 내면 결국은 '나'의 마음이 흔들리게 되고, '나'의 마음이 흔들리면 세상이 뒤죽박죽되지 않을 까닭이 있습니까?

고통의 원인, 윤회의 원인. 그 원인은 너무나 간단명료 합니다. 바로 집착입니다. 집착 때문입니다. 그러므로 집착을 버리면 고통으로부터, 윤회로부터 해탈할 수 있습니다.

결코 실체가 없는 이름만의 것에 집착을 하지 마십시오. 무엇하러 이름만의 것에 집착을 하십니까? 금강경 제10「장엄정토분」 끝에서 든 '수미산 만큼 큰 사람'의 비유가 바로 그것입니다. 정녕 수미산만한 크기의 사람이 어디에 있습니까? 그러나 그와같은 이름은 있을 수 있는 것입니다.

그렇다고 그 이름에 집착해서야 되겠습니까? 그 이름을 진실로 삼을 수 있겠습니까? 우리는 부처님의 제자답게 이름에 집착하지 말고 스스로를 돌아보면서 '응무소주 이생기심' 하며 살아야 합니다.

응무소주 이생기심! 그것은 집착을 버리고 사는 삶입니다. 할 일을 하면서 집착을 버리고 살아가면 저절로 마음이 맑아지고, 마음이 맑아지면 참으로 훌륭한 불국토에서 살 수 있게 되는 것입니다.

부디 집착이 없는 맑은 마음, 깨끗한 마음으로 살아가십시오. 그 맑고 깨끗한 마음으로 꾸준히 나아갈 뿐, 흔들리지 마십시오. 내가 흔들리지 않으면 모든 것이 안정됩니다. 내가 흔들리니 가족이 흔들리고 집안이 흔들리고 사회가 흔들리는 것일 뿐, 내가 흔들리지 않으면 가족도 집안도 사회도 문제가 없어집니다.

머무르는 바 없는 마음, 허공처럼 맑고 깨끗한 마음으로 끊임없이 향상의 길로 나아가 불국토를 장엄하고, 영원생명과 무한 행복을 증득하시기를 깊이 깊이 축원드립니다.

無爲福勝分 第十一
무 위 복 승 분   제 십 일

須菩提야 如恒河中所有沙數 如是沙等恒河─ 於意云何오 是諸恒河沙─ 寧爲多不아

須菩提─ 言하사대 甚多니이다 世尊하 但諸恒河도 尙多無數온 何況其沙리잇가

須菩提야 我今實言으로 告汝하노니 若有善男子 善女人이 以七寶로 滿爾所恒河沙數三千大千世界하야 以用布施하면 得福이 多不아

須菩提─ 言하사대 甚多니이다 世尊하

佛告須菩提하사대 若善男子善女人이 於此經中에 乃至受持四句偈等하야 爲他人說하면 而此福德이 勝前福德하리라

수보리여, 항하(恒河)에 있는 모래알 수만큼이나 많은 항하가 또 있다고 한다면, 네 생각은 어떠하냐? 이 모든 항하들의 모래가 얼마나 많겠느냐?

수보리가 아뢰었다.

매우 많겠나이다, 세존이시여. 단지 모든 항하의 수만 하여도 오히려 헤아릴 수 없이 많은 것이거늘, 하물며 그 모래

알의 수이겠나이까?

수보리여, 내 이제 진실한 말로 그대에게 이르노니, 만약 선남자 선여인이 칠보로써 저 항하의 모래알 수만큼이나 많은 삼천대천세계에 가득 차도록 보시를 한다면, 그 얻을 바 복덕이 얼마나 많겠느냐?

수보리가 아뢰었다.

매우 많나이다, 세존이시여.

부처님께서 수보리에게 말씀하셨다.

만약 선남자 선여인이 이 경 가운데 사구게(四句偈)만이라도 받아지니고 다른 사람을 위해 설한다면, 이 복덕은 앞의 칠보보시 복덕보다 더 수승하니라.

이제 제11「무위복승분(無爲福勝分)」에서는 금강경을 법보시하는 공덕이 얼마나 큰지를 밝히고 있습니다.

항하(恒河), 곧 인도의 갠지스강은 2,500km가 넘는 매우 긴 강이요 폭도 매우 넓은 강입니다. 따라서 그 강에 있는 모래알의 수는 가히 상상도 할 수 없이 많습니다.

그런데 부처님께서는 상상도 못할 그 모래알 수만큼의 갠지스강이 있고, 그 상상도 못할 만큼 많은 갠지스강들에 있는 모든 모래알 수만큼의 삼천대천세계에다 칠보를 가득 채울 만큼의 물질보시를 한다면, 그 결과로 받게 되는 복덕이 얼마나 클 것인가를 수보리존자에게 묻습니다.

물론 수보리존자는 '매우 많다'는 답밖에 할 수가 없습니다. 그러자 부처님께서는 '그와 같은 한량없는 물질보시보다는 금강경 속의 사구게(四句偈) 하나만이라도 잘 이해하여 다른 사람을 위해 설하는 공덕이 더 뛰어나다'는 엄청난 말씀을 하셨습니다.

한량없이 많은 물질의 보시! 결코 그 보시의 과보로 받게 되는 복덕이 적은 것은 아닙니다. 하지만 남을 위해 어마어마하게 많은 재물을 보시했다고 할지라도, 그 복은 세월의 흐름 속에서 마침내는 끝이 있는 유위(有爲)의 복입니다.

다함이 있는 유위복(有爲福). 우리 불가에서는 "수행인에게 있어 복은 삼생(三生)의 원수다"라는 말을 즐겨합니다. 왜 그 좋은 복을 삼생의 원수라고 한 것일까요?

복을 짓느라고 한 생을 보내고, 복을 받아 쓰느라고 한 생을 보내고, 복을 다 쓰고나면 다시 박복하게 한 생을 보내게 되니, 삼생을 복 때문에 헛되이 보내게 된다는 것입니다. 그러므로 유위복에 빠져 있으면 참된 깨달음의 길을 걷지 못하게 됩니다.

하지만 법보시는 어떻습니까? 진리를 일깨워주는 법보시는 그 결과가 깨달음이요 해탈입니다. 영원한 생명력을 길러주고 무한한 행복과 영광을 안겨줍니다. 법보시의 복은 다함이 없습니다. 진리의 말씀을 새기고 또 새겨 깨달음을 이루면 그대로 부처의 자리로 나아갑니다. 그야말로 다함이 없는 무위복(無爲福)을 얻게 되는 것입니다.

앞에서 살펴본 '범소유상 개시허망 약견제상비상 즉견여래(凡所有相 皆是虛妄 若見諸相非相 卽見如來)'라는 사구게가 그토록 대단한 가르침입니까? 물론 이 사구게를 접하고도 아무런 감각이 없는 사람도 있을 것입니다. 어린아이에게 다이아몬드를 한아름 쥐어주어도 그 가치를 모르는 것처럼…. 그런데 그 다이아몬드를 어른들에게 줘보십시오. 가치를 알고 떨듯이 기뻐합니다.

이 다이아몬드처럼, 금강경 사구게의 가치도 사람에 따라 다릅니다. 정녕 깨달음〔無爲福〕을 이루고자 하는 이에게는 가장 소중한 보배이지만, 유위복(有爲福)을 추구하는 이에게는 그다지 대단한 가르침이 되지 않습니다. 그렇다고 이 사구게가 가치없는 것입니까? 아닙니다.

어린아이가 다이아몬드의 가치를 모른다고 할지라도 다이아몬드의 가치는 그대로 있듯이….

우리는 이와 같은 법을 베풀어야 합니다. 법보시를 해야 합니다. 그렇게 되면 그 복은 부처님께서 설하신 것처럼 한량이 없습니다. 그렇다면 과연 어떻게 법보시를 할 것인가?

바로 그 법의 내용을 내가 알고, 그 내용을 깨닫도록 일러주어야 합니다. 왜냐하면 그 내용을 깨달아야 복이 되는 것이요, 그 참뜻을 이해시켜야 진짜 그 사람의 복이 되기 때문입니다.

실로 '모양있는 것은 다 허망하다(凡所有相 皆是虛妄)' 라는 이 사구게를 들려준다고 하여, 누가 무상을 절감하겠습니까? '만약 모든 상이 상 아님을 보면 곧바로 진실한 여래를 보게 되느니라(若見諸相非相 卽見如來)'를 일러준다고 하여 누가 쉽게 상(相)을 떠나겠습니까?

따라서 이와 같은 구절을 설할 때는 모양있는 모든 것이 진실로 허망하다는 것을 확실히 느낄 수 있도록 설명을 해주어야 하며, 상에 대한 집착을 벗어버릴 수 있도록 일러주어야 합니다. 이렇게 확증을 심어주는 법보시를 하게 되면, 금강경의 말씀대로 무수한 삼천대천세계를 칠보로 가득 채우는 보시보다 더 많은 복을 짓는 일이 되는 것입니다.

진실로 복 짓는 일 중에서 깨달음을 얻고 깨달음을 얻을 수 있도록 해주는 복보다 더 큰 복은 없습니다. 그러므로 주위사람들에게 성심성의를 다해 부처님의 가르침을 전하고, 그들의 참 정신을 일깨워 주도록 해야 합니다. 그리고 아는 것이 부족하다고 느낀다면 능력껏 불교책을 법보시하는 습관을 길러야 합니다.

그런데 책을 법보시하는 불자들 가운데는 '꼭 불경이라야 한다' 며 고집하는 사람들이 있습니다. 그러나 법보시의 핵심은 '상대가 정법을 잘 이해하고 실천할 수 있도록' 하는 데 있습니다. 따라서 한문으로 된 불경이나 난해하게 번역된 불경보다는, 읽어서 진리를 분명히 깨칠 수 있고 정법의 삶을 제

시해주는 쉬운 불교서적이나 글을 법보시하는 것이 더 좋은 경우도 있습니다.

참되게 살 수 있는 길을 쉽게 제시해 주는 책, 마음의 눈을 열어 줄 수 있는 글을 가깝고 먼 사람에게 두루 보시한다면, 그 공덕을 어찌 다 헤아릴 수 있겠습니까? 좋은 법문을 실은 월간지를 주위분이나 불서가 궁한 곳에 꾸준히 법보시하는 것도 좋은 방법이 될 것입니다.

다른 사람을 깨우쳐주고 정법으로 살도록 깨우쳐주는 법보시! 법보시를 행하다보면 스스로 또한 법을 깨우칠 수 있습니다. 그 누구보다도 스스로가 가장 잘 진리를 깨우칠 수 있게 됩니다.

우리 모두 부처님의 제자답게, 나와 남을 함께 깨달음의 길로 인도하는 법보시를 부지런히 실천해봅시다. 법보시는 부처님의 은혜를 가장 잘 갚는 방법입니다. 자신있게, 능력껏 법보시를 행할 것을 권해봅니다.

尊重正教分 第十二
존중정교분 제십이

　　復次須菩提여 隨說是經하대 乃至四句偈等하면 當知此處는
一切世間天人阿修羅 - 皆應供養을 如佛塔廟어든 何況有人
이 盡能受持讀誦가
　　須菩提여 當知是人은 成就最上第一希有之法이니 若是經
典所在之處는 卽爲有佛과 若尊重弟子니라

　　또한 수보리여, 마땅히 알지어다. 이경의 사구게만을 설
할지라도 그곳은 일체 세간의 천상·인간·아수라 등이 공
양하기를 부처님의 탑과 절에 공양하듯 하느니라. 하물며
어떤 사람이 이 경을 모두 수지(受持)하고 독송(讀誦)함에
있어서랴.
　　수보리여, 마땅히 알지어다. 이 사람은 가장 높은 법, 제
일가는 법, 희유(希有)한 법을 성취하게 되나니, 이 경전이
있는 곳에는 곧 부처님과 존중받는 제자들이 함께 계심이
니라.

　　제12「존중정교분(尊重正教分)」에서는, 바른 가르침은 반

드시 존중을 받게 되어 있다는 확신을 심어주고 있습니다.

그렇습니다. 금강경의 가르침이 있는 곳에는 부처님과 제자들이 함께 합니다. 금강경 뿐만이 아닙니다. 정법(正法)이 있고 올바른 가르침이 있는 곳에는 불보살님이 함께 하고, 호법선신들이 그곳을 옹호합니다. 이를 증명하는 한 편의 옛이야기가 있습니다.

❀

당나라 마조(馬祖)스님의 법맥을 이은 제자 중 염관제안(塩官齊安) 선사라는 큰스님이 계셨습니다. 어느날 염관선사는 저녁공양을 마친 뒤, 방에 앉아 밖을 무심하게 내다보다가 뜻밖의 광경을 목격하였습니다.

두 명의 사미승이 큰 나무 아래에서 이야기를 나누고 있는데, 갑자기 하늘까지 닿는 광명이 솟구치더니, 하늘음악이 울려퍼지는 가운데 관세음보살·문수보살 등의 보살님들과 호법신중들이 내려와 찬탄을 하는 것이었습니다.

"선재(善哉) 선재라, 참으로 거룩하도다. 부디 그 마음을 변치 말고 활연히 대도(大道)를 깨달아 모든 중생을 제도할지니라."

도력이 높은 제안선사였던지라 남들이 보지 못하는 것을 볼 수는 있었지만, 그 까닭까지는 알 수가 없었습니다.

'무슨 이야기들을 나누었길래 저렇듯 큰 보살님과 제천선

신들이 공찬(共讚)하는 것일까?'

이렇게 생각하며 묵묵히 지켜보고 있는데, 조금 지나자 보살님과 제천선신들이 하나 둘 모두 떠나고, 시커먼 돼지귀신들이 추한 냄새를 풍기며 몰려왔습니다. 돼지들은 쿵쿵거리고 바닥에다 침을 툭툭 뱉으면서 얼룩진 발자국을 남기며 쫓아 다녔습니다.

'참으로 이상한 일이로구나.'

그 이튿날 사미승을 부른 선사는 어제 일을 물었습니다.

"너희들은 어제 저녁공양 후에 법당 앞에서 경행을 하였지?"

"예."

"무슨 얘기들을 나누었더냐?"

"처음에는 《법화경》 이야기를 하였습니다. 우리가 진흙 속에서도 항상 깨끗한 연꽃과 같이 청정수행을 하게 되었으니 얼마나 다행한 일인가를 말하였습니다."

"나중에는?"

"그러다가 나중에는. 참선 공부가 밑도 끝도 없는지 아무리 해 봐도 별다른 진전이 없다고 하면서 이런저런 푸념들을 늘어놓았습니다. 마을의 아무개 아가씨가 나를 좋아하는데 장가가서 된장이나 끓여먹고 살면 마음이 편하지 않을까? 이런 이야기들을 농담으로 하였습니다."

"알았다."

선사는 대중들을 모아놓고 법좌에 올라 그 이야기를 들려 준 다음 한 편의 게송을 읊었습니다.

> 어두운 방안에 보는 사람 없다고 말하지 말라
> 신의 눈은 번갯불 같아 털끝조차도 놓치지 않나니
> 정성을 다해 지극히 호위를 하다가도
> 발연히 노하고 꾸짖으며 발자취를 씻느니라
> 莫道暗室無人見　神目如電毫不漏
> 盡矣處誠不護衛　勃然怒罵掃脚跡

바로 이 이야기가 금강경을 독송하고, 사구게를 설하고, 정법과 바른 가르침이 있는 곳에 불보살이 내임하고 호법선신이 옹호한다는 좋은 증거입니다. 하지만 그냥 경만을 둔다고 하여 불보살님과 호법선신이 함께 하지는 않습니다. '나' 스스로가 그 가르침을 담아야 합니다.

부디 이 한 편의 이야기를 잘 새겨 정법과 함께 하는 삶, 진리와 함께 하는 삶을 살아보십시오. 정법을 사유하고 정법을 실천하고 정법을 체험하는 삶을 영위해 보십시오. 언제나 불보살님이 함께 하면서 가피를 내리고, 마침내는 가장 높은 법, 제일가는 법, 희유한 법을 성취하게 됩니다. 이를 꼭 명심하시기 바랍니다.

如法受持分 第十三
여법수지분 제십삼

爾時에 須菩提- 白佛言하사대 世尊하 當何名此經이며 我等이 云何奉持리잇고

佛告- 須菩提하사대 是經은 名爲金剛般若波羅蜜이니 以是名字로 汝當奉持하라 所以者何오 須菩提여 佛說般若波羅蜜이 卽非般若波羅蜜일새 是名般若波羅蜜이니라

須菩提여 於意云何오 如來- 有所說法不아

須菩提白佛言하사대 世尊하 如來- 無所說이니이다

須菩提여 於意云何오 三千大千世界所有微塵이 是爲多不아

須菩提- 言하사대 甚多니이다 世尊하

須菩提여 諸微塵을 如來說非微塵일새 是名微塵이며 如來說世界- 非世界일새 是名世界니라

須菩提여 於意云何오 可以三十二相으로 見如來不아

不也니이다 世尊하 不可以三十二相으로 得見如來니 何以故오 如來說- 三十二相이 卽是非相일새 是名三十二相이니이다

須菩提여 若有善男子善女人이 以恒河沙等身命으로 布施어든 若復有人이 於此經中에 乃至受持四句偈等하야 爲他人

說하면 其福이 甚多니라

그때 수보리가 부처님께 아뢰었다.
세존이시여, 이 경의 이름을 무엇이라 하며, 저희들이 어떻게 받들어 지니오리까?
부처님께서 수보리에게 말씀하셨다.
이 경의 이름은 '금강반야바라밀'이니, 마땅히 이러한 이름대로 너희들은 받들어 지닐지니라. 무슨 까닭인가? 수보리여, 부처가 설하는 반야바라밀은 곧 반야바라밀이 아니요 그 이름이 반야바라밀이니라.
수보리여, 네 생각은 어떠하냐? 여래가 설한 바 법이 있느냐?
수보리가 아뢰었다.
세존이시여, 여래께서는 설한 바가 없나이다.
수보리여, 네 생각은 어떠하냐? 삼천대천세계에는 티끌이 얼마나 많겠느냐?
수보리가 아뢰었다.
매우 많나이다. 세존이시여.
수보리여, 여래는 모든 티끌이 티끌이 아니요 그 이름이 티끌이라고 말하며, 여래는 세계도 세계가 아니라 그 이름이 세계라고 말하느니라.
수보리여, 네 생각은 어떠하냐? 가히 삼십이상(三十二相)

으로 여래를 볼 수 있다고 하겠느냐?

아니옵니다, 세존이시여. 삼십이상으로는 여래를 보지 못하옵니다. 왜냐하면 여래에서 설하신 삼십이상은 곧 삼십이상이 아니요, 그 이름이 삼십이상이기 때문입니다.

수보리여, 만약 어떤 선남자 선여인이 항하의 모래알 수만큼이나 많은 몸과 목숨을 바쳐 보시를 할지라도, 어떤 사람이 이 경 속의 사구게만이라도 받들어 지니고 남을 위해 설해 준다면, 그 복이 훨씬 더 뛰어나니라.

이제 제13「여법수지분(如法受持分)」에서, 수보리존자는 경의 이름이 무엇인가를 묻는 것과 동시에, 이 경전을 받들어 지니는 불자의 자세가 어떠해야 하는지를 묻습니다.

그러자 부처님께서는 '금강반야바라밀경'이라는 이름과 함께, 그 경 이름 그대로 받들어 지니라고 하셨습니다. 곧 '금강같은 반야에 의지하여 바라밀(피안・열반・해탈)하라'는 말씀입니다. 이어 부처님께서는 네 가지 사항을 들어 반야바라밀을 이루는 데 방해가 되는 그릇된 집착을 갖지 않도록 설하셨습니다.

① 반야바라밀이 반야바라밀이 아니라 그 이름이 반야바라밀이다.
② 내가 설한 법은 법이 아니요 그 이름이 법이다. 따라서 법을 설한 바 없다.

③ 티끌세계가 티끌세계가 아니요 그 이름이 티끌세계다.
④ 여래의 32상은 32상이 아니요 그 이름이 32상이다. 그러므로 외모로는 여래를 볼 수 없다.

앞에서도 이와같은 논리 전개는 여러 차례 나왔습니다. 이제 이 네 가지를 두고 금강경의 가르침이 무엇이며 무엇을 얻게끔 하고자 함인지를 살펴봅시다.

'이것은 이것이 아니다. 그 이름이 이것일 뿐이다.'

참으로 막연하고도 이해하기 어려운 말입니다. 하지만 여기에는 생략된 낱말이 있습니다. 곧 '진제'와 '속제'라는 단어입니다. 진제(眞諦)는 진리 그 자체를 이야기하는 것이요, 속제(俗諦)는 세속의 눈, 우리의 일상적인 감각으로 느낄 수 있는 것입니다. 자연, 중생심(衆生心)이 가득한 '나'의 현실적인 감각과 진리는 사뭇 다를 수가 있습니다.

그런데도 우리는 있는 그대로의 실상(實相)을 보고자 하지 않고 '나'의 중생심으로 세상을 보며, 그렇게 본 것은 참된 것이요, 전체인 양 여깁니다. 그리고는 더 심한 아집(我執) 속으로 빠져듭니다.

이를 안타깝게 여긴 부처님께서는 마침내 금강반야바라밀경을 설하시어 우리의 그릇된 집착을 깨뜨리기 시작합니다.

거듭거듭 '아니다, 아니다' 하시고, '이름일 뿐' 임을 강조하십니다.

"세속에 물든 너희의 눈에 비친 '무엇'이라는 것은 진제의 참된 '무엇'이 아니다. '무엇'이라고 하는 것은 이름만이 그러할 뿐이다. 그럼 어떻게 하여야 참된 '무엇'을 볼 수 있는가? 그것은 세속의 눈에 비친 그 '무엇'에 대한 집착을 놓아버릴 때 온전히 나타난다. 그러므로 먼저 너희가 잡고 있는 세속적인 집착부터 놓아버려라."

이제 부처님께서 설하신 금강경의 내용에 진제와 속제라는 단어의 뜻을 실어 다시 한번 풀이해 봅시다.

① 참된 진제의 반야바라밀은 세속적인 언어로 표현하는 그 반야바라밀이 아니다. 오직 그 이름이 반야바라밀일 뿐이다. 그러므로 반야바라밀이라는 이름에 사로잡히지 말고 너의 세속적인 생각부터 놓아버려라.

② 부처님께서 설하시는 법도 마찬가지이다. 부처가 설하는 참된 법은 세속적으로 생각하는 그런 법이 아니다. 그 법은 번뇌망상을 넘어서 있고 말을 떠난 것이다. 그러므로 '그 이름이 법'이라고 하는 것이며, '법을 설한 바가 없다'고 하는 것이다.

③ 그럼 우리가 살고 있는 세상은 어떠한가? 그야말로 무수한 티끌이 모여서 이루어진 인연의 세계이다. 그 인연의 세계를 실체

가 있는 것으로 집착하며 살 것인가? 아니다. 티끌과 같은 세상에 대해 집착할 바가 아니다.

④ 이는 또한 부처의 모습이라 하여 다를 바가 없다. 참된 부처의 모습은 거룩한 32가지 상호(相好)로 규정지을 수 있는 것이 아니다. 32상은 중생을 위해 세속적으로 나타낸 모습에 불과하다. 절대로 겉모습에 집착하지 말아라. 이름을 떠나고 상(相)을 떠나야 참다운 부처를 볼 수 있다. 이름을 떠나고 상을 떠나, 이름 지을 길도 없고 모양 그릴 길도 없는 참다운 부처를 보아라.

이렇게 부처님께서는 중생이 집착하는 금강경·법·세계, 마침내는 부처까지도 '아니다·아니다'로 철두철미하게 부정하여, 우리를 깨달음의 세계로 인도하고 있는 것입니다. 곧 '허공처럼 맑은 마음을 주춧돌로 삼아 살아가라'는 것입니다.

그리고 끝맺음으로, '갠지스강의 모래알 수만큼이나 많은 몸과 목숨을 바쳐 보시를 한 과보로 받게 되는 크나큰 복보다도 금강경에 있는 한 구절의 사구게를 받들어 지니고 남을 위해 설하여 주는 복이 더 뛰어나다'고 말씀하셨습니다.

왜 그렇게 말씀하신 것입니까? 몸과 목숨을 보시하는 것은 다함이 있는 복을 안겨다 주지만, 사구게를 잘 받아 지니고 남을 위해 설하여주면 나와 남이 함께 중생심으로 말미암은 집착을 능히 떨쳐버릴 수 있고, 저절로 깨달음과 하나가 되기 때문입니다. 정녕 티 없는, 허공처럼 맑은 마음이 되는 것입니다.

모든 집착도 욕망도 없는 허공처럼 맑은 마음! 결코 이 마음은 멀리서 찾을 것이 아닙니다. 바로 우리의 가정 속에서, 우리의 일상생활 속에서 찾아야 하고, 그와 같은 마음을 지녀야 합니다.

거듭거듭 이야기 하지만, 이 땅의 부모들은 가족들에게 정말 열심히 이바지합니다. 특히 어머니들이 절에 와서 기도를 하는 것을 보면 눈물겹기까지 합니다. 그런데도 노력에 비해 결과가 좋지 않은 때가 많습니다. 왜 그러한 것일까요?

그 까닭은 가족에 대한 강한 집착을 품고, '나'의 강한 욕망을 간직하고 이바지를 하기 때문입니다. 곧 '나의 욕망'이라는 때가 낀 마음으로 이바지를 하고, 집착의 티끌로 마음을 덮은 채 이바지를 하기 때문인 것입니다.

'나의 가족'에 대한 집착과 '나의 욕망' 속에서 기도하고 축원하고 뒷바라지를 해주는 것은 진실한 시봉(侍奉), 진실한 이바지가 되지를 못합니다. 아들딸에게 '내 아들딸이니까 해준다'는 집착을 품고, '내가 부모니까 해준다' 는 집착으로 하기 때문에, 그 이바지는 진실한 이바지가 되지 못합니다.

집착 속의 이바지는 내 욕심의 표현이요 내 감정의 표현일 뿐, 진정코 내 자식을 위해주는 노력이 아닙니다. 따라서 그와같은 노력으로는 완전한 결실을 맺을 수가 없는 것입니다.

"가족에게 집착없이 시봉하고 이바지를 하여라. 그렇게 할 때 엄청난 복덕이 돌아온다. 갠지스강의 모래알 만큼이나 많은 목숨을 보시하는 것보다 더 큰 복덕, 대우주의 무한한 행복과 영광이 그대로 너의 것이 된다."

이것을 금강경은 계속 강조하여 가르치고 있습니다. 그런데 우리 불자의 대부분은 집착과 욕망으로 눈앞의 다함이 있는 복〔有爲福〕을 얻기 위해 금강경을 독송하고 사경하고 금강경기도를 합니다. 이것을 '잘 한다'고 해야 할까요?

이제부터라도 바꾸어 보십시오. '나'의 욕망과 집착을 떠난 부모부터 되십시오. 순수하고 깨끗한 마음으로 해주는 부모의 축원은 가족을 위한 진실한 축원이 되고 축복이 됩니다. 그러나 내 욕망과 내 감정이 얽혀 있는 축원은 결국 내 욕심에 불과할 뿐, 가족에게 행복과 영광을 안겨주는 축원이 될 수 없는 것입니다.

바로 이러한 까닭으로 금강경에서는 수없이 목숨을 바치는 보시보다 한 구절의 법보시가 더 뛰어나다고 표현한 것입니다. 자식을 위하여 아무리 잘해 주어도, '자식이다·부모다'라고 하는 집착 때문에 해주는 이바지는 허공처럼 맑고 순수한 마음으로 축원 한번 해주는 이바지보다 못하다는 이야기입니다.

부디 우리 불자들이 금강경의 이와 같은 가르침을 잘 응용하여, 윤택한 삶·복된 삶·깨달음이 있는 삶을 영위하시기를 축원드립니다.

離相寂滅分 第十四
이 상 적 멸 분 제 십 사

    제13 「여법수지분」에서는 금강경을 받들어지니는 불자의 자세에 대해 설하셨고, 제14 「이상적멸분(離相寂滅分)」에서는 모든 상(相)을 떠나게 되면 적멸(寂滅), 곧 열반을 이루게 됨을 다시 한 번 강조하고 있습니다. 이 「이상적멸분」은 매우 길기 때문에 본문을 네 단락으로 나누어 살펴보고자 합니다.

1.

    爾時에 須菩提- 聞說是經하사옵고 深解義趣하사 涕淚悲泣而白佛言하사대 希有世尊하 佛說如是甚深經典은 我從昔來所得慧眼으로 未曾得聞如是之經호이다

    世尊하 若復有人이 得聞是經하고 信心淸淨하면 卽生實相하리니 當知是人은 成就第一希有功德이니이다 世尊하 是實相者는 卽是非相일새 是故로 如來說名實相이니이다

    世尊하 我今得聞如是經典하고 信解受持는 不足爲難이어니와 若當來世後五百歲에 其有衆生이 得聞是經하고 信解受持하면 是人은 卽爲第一希有니이다 何以故오 此人은 無我相이

며 無人相이며 無衆生相이며 無壽者相이니 所以者何오 我相이
卽是非相이며 人相 衆生相 壽者相이 卽是非相이라 何以故오
離一切相이 卽名諸佛이니이다

  그때 수보리가 이 경을 설하심을 듣고 깊이 그 뜻을 깨달 아 감격의 눈물을 흘리며 부처님께 아뢰었다.
  희유하옵니다, 세존이시여. 부처님께서 심히 이와 같이 깊은 경전을 설하심은 제가 예로부터 얻은 바 지혜의 눈으로는 일찍이 한 번도 듣지 못하였나이다.
  세존이시여, 만약 어떤 사람이 이 경을 듣고 신심이 청정하면 곧 실상(實相)을 깨달으리니, 마땅히 이 사람이 제일 희유한 공덕을 성취한 줄로 알겠나이다. 세존이시여, 이 실상(實相)은 곧 상(相)이 아니오며, 그러한 까닭으로 여래께서는 실상이라고 하셨나이다.
  세존이시여, 저는 이제 이 경전을 얻어 듣고 믿고 받아지니는 것이 그다지 어렵지 않사오나, 만약 앞으로 다가올 후오백세(後五百歲) 뒤의 중생들이 이 경전을 얻어 듣고 믿고 받아지닌다면, 이 사람이야말로 가장 희유한 사람이 될 것입니다. 왜냐하면 이 사람은 아상도 없고, 인상·중생상·수자상도 없기 때문입니다. 무슨 까닭인가? 아상이 곧 상(相)이 아니요, 인상·중생상·수자상도 곧 상이 아니기 때문입니다. 왜냐하면 일체의 모든 상을 떠난 것을 이름하여

'모든 부처님〔諸佛〕'이라고 하기 때문입니다.

 이 첫번째 단락에서 수보리존자는 부처님의 금강경설법을 듣고서 감격의 눈물을 흘리며 감사의 뜻을 표했습니다.
 "부처님이시여, 부처님께서 이와 같이 심히 깊은 경전을 설하심은 일찍이 보지 못하였나이다. 저의 육안(肉眼)뿐만 아니라, 이전부터 갖추어온 지혜의 눈으로도 이와 같은 법문을 얻어 듣지 못했습니다."
 이 구절을 접하면서 대부분의 사람들은 금강경 법문의 거룩함을 강조한 것이라 생각합니다. 그러나 이 속에는 더 깊은 뜻이 담겨져 있습니다. 바로 불교를 믿는 우리 또한 수보리존자처럼 감사와 감격의 눈물을 흘릴 때가 있어야 한다는 것입니다.
 '관세음보살'을 해도 좋고, '나무아미타불'을 해도 좋고, '이 무엇고'를 해도 좋고, 경전공부를 해도 좋습니다. 무엇을 하든 안으로 깊이깊이 찾아들어가는 공부를 하다가 보면, 너무나 고마워서 눈물을 흘리기도 하고 너무나 좋아 펑펑 울기도 합니다.
 이렇게 좋고 고맙고 감격스러운 눈물을 흘리게 되면 부처님의 가르침을 진정으로 이해하게 되고 실천을 할 수 있게 됩니다. 불사에만 참여한다고 하여, 법문만 많이 듣는다고 하여 그와 같은 감격이 느껴지는 것은 아닙니다. 부지런히 '나'의 마음을 모아 가슴 깊은 곳에서 '관세음보살'이 나오고 '나무아미타불'이 나올 때라야 그와 같은 감격이 샘솟는 것입니다.

그런데 요즈음의 불자들을 보면 '관세음보살'이 아니라 한숨보살이요, '관세음보살'이 아니라 탄식보살이며, '관세음보살'이 아니라 불평보살·불만보살·욕심보살인 이들이 참으로 많습니다.

정녕 이런 식으로 기도를 하거나 정진을 하거나 경전을 공부하여서는 안 됩니다. 그야말로 '나'를 비우며 기도를 하고 정진을 하고 금강경을 공부하여, 스스로의 체험 속에서 불보살님의 가르침에 감사하고 감격하는 불자가 되도록 노력해야 합니다. 물론 이러한 불자가 되는 것은 결코 쉬운 일이 아닙니다. 그래서 수보리존자는 말합니다.

"부처님, 만약 어떤 사람이 '묘한 진리를 체득하려면 모든 상을 떠나야 하고 모든 구속과 집착을 떠나야 한다'는 이 금강경의 가르침을 듣고 조그마한 의심도 없이 믿는 마음을 낸다면, 이 사람은 곧 실상(實相)을 이해할 것이요 실상을 체득할 것이며 실상을 누릴 것입니다. 틀림없이 이 사람은 가장 희유한 공덕을 성취할 것입니다."

수보리존자의 이 말씀 속에는 그냥 넘기기 쉬운 한가지 의문이 숨어 있습니다. 그것은 모든 상(相)을 벗어버릴 것을 강조하는 금강경에서 '실상'이라는 단어를 쓴 것입니다. 물론 이 실상은 중생들이 생각하는 어떤 상(相)이 아닙니다. 우리의 상상과 추측과 이론과 학식과 상식 등의 모든 것을 벗어버린 다음에 나타나는 모습입니다. 그렇다면 이 실상에는 집착을 하여도 되는 것인가? 이 의문에 대해 수보리존자는 스스로 답합니다.

"부처님이시여. 이 실상은 곧 상(相)이 아니오니, 그러한 까닭으로 부처님께서는 실상이라고 하셨습니다."

이는 제13「여법수지분」에서 살펴본 '부정의 논리'를 그대로 적용시킨 것입니다. 곧, '실상이 실상이 아니라 그 이름이 실상'이라는 것입니다. 이를 부연하여 쉽게 풀이하면, '진실한 모습인 실상은 우리의 일상적인 마음의 상이 아니다. 그 상은 중생의 상상이나 추측이나 상식 등, 중생이 집착하는 모든 상을 떠나 있다. 그 상에 대한 모든 집착을 벗어버리는 바로 그 순간, 실상은 그 모습을 스스로 나타내게 된다'는 것입니다.

마지막으로 수보리존자는 말세 중생 가운데에서 금강경을 얻어 듣고 믿고 받들어지니는 사람에 대해 '정말 대단한 인물'이라는 칭찬을 아끼지 않습니다. 그리고 그 까닭을 다음과 같이 밝힙니다.

"이 사람은 아상도 없고 인상·중생상·수자상도 없기 때문입니다. 부처님, 아상은 부처님께서 말씀하신 실상이 아니며, 인상과 중생상과 수자상도 부처님께서 말씀하신 실상이 아닙니다. 이렇게 실상이 아닌 네가지 상과 일체의 상을 떠나게 되면 바로 실상을 증득하여 부처를 이루는 것입니다."

이렇게 수보리존자는 비록 말세중생일지라도 금강경의 가

르침을 진실로 받아들여 일체의 상을 떠나게 되면, 능히 실상을 깨치게 되고 부처를 이루게 되고 대우주의 무량 복덕과 영광을 누릴 수 있게 됨을 천명하였으며, 이에 대한 부처님의 긍정으로 다음 문장이 시작됩니다.

2.

佛告須菩提하사대 如是如是하다 若復有人이 得聞是經하고 不驚不怖不畏하면 當知是人은 甚爲希有니 何以故오 須菩提여 如來說- 第一波羅蜜이 卽非第一波羅蜜일새 是名第一波羅蜜이니라 須菩提여 忍辱波羅蜜도 如來- 說非忍辱波羅蜜일새 是名忍辱波羅蜜이니 何以故오 須菩提여 如我昔爲歌利王에 割截身體하야 我於爾時에 無我相하며 無人相하며 無衆生相하며 無壽者相호라 何以故오 我於往昔- 節節支解時에 若有我相人相衆生相壽者相이면 應生瞋恨일러니라

須菩提여 又念過去於五百世에 作忍辱仙人하야 於爾所世에 無我相하며 無人相하며 無衆生相하며 無壽者相호라

부처님께서 수보리에게 말씀하셨다.
그러하고 또 그러하도다. 만약 어떤 사람이 이 경을 듣고 놀라지도 않고 겁내지도 않고 두려워하지도 않는다면, 마땅히 알라. 이 사람은 매우 희유한 사람이니라. 무슨 까닭인

가? 수보리여, 여래가 말하는 제일바라밀은 제일바라밀이 아니요, 그 이름이 제일바라밀이기 때문이니라. 수보리여, 인욕바라밀도 여래는 인욕바라밀이 아니라고 설하나니, 그 이름이 인욕바라밀이니라.

무슨 까닭인가? 수보리여, 옛날 가리왕(歌利王)이 나의 몸을 베고 끊었을 때, 나는 아상도 없었고 인상이 없었으며, 중생상도 없었고 수자상도 없었느니라. 내가 마디마디 사지를 끊길 그때, 아상이나 인상·중생상·수자상이 있었더라면, 마땅히 원망하는 마음을 내었을 것이니라.

수보리여, 또 생각하니, 과거 오백세 동안 인욕선인(忍辱仙人)이 되었던 그때에도 아상·인상·중생상·수자상이 없었느니라.

이 단락은 수보리존자의 확신에 대한 부처님의 긍정의 답변으로 시작됩니다. 부처님께서는 '그렇다·맞다·옳다'고 하셨습니다. 그리고 '금강경 법문을 듣고 놀라지도 아니하고 겁내지도 아니하고 두려워하지도 아니하고 의심하지도 않는다면 매우 희유한 사람'이라고 하셨습니다. 또한 그 사람을 매우 드문 이로 보는 이유로써 묘한 말씀을 하십니다.

"무슨 까닭인가? 수보리여, 여래가 말하는 제일바라밀은 제일바라밀이 아니라 그 이름이 제일바라밀이요, 인욕바라밀도 인욕바라밀이 아니라 그 이름이 인욕바라밀이니라."

전혀 엉뚱한 이유인 듯 하지만, 이 말씀과 같이 중생의 상식이나 생각을 초월하고 있는 금강경의 가르침을 두려워하거나 의심없이 그대로 받아들일 수 있는 이야말로 '매우 희유한 사람'이라 하지 않을 수 없을 것입니다.

그리고 본문 중의 '제일바라밀'은 보시·지계·인욕·정진·선정·반야의 육바라밀 가운데 첫번째인 보시바라밀을 가리키며, 인욕바라밀은 세번째에 위치합니다. 부처님께서는 보시와 인욕바라밀만 말씀하셨지만, 실은 육바라밀 전체가 다 해당이 됩니다.

곧, 부처님께서 설하시는 육바라밀은 중생들이 생각하고 상상하고 집착하는 수준의 육바라밀이 아닙니다. 그것은 주관적이고 상대적인 경지를 모두 초월해 있습니다. 그러나 부처님께서는 중생을 깨달음의 길로 인도하기 위해 여섯가지 이름을 내세우고 갖가지 방편을 펼쳐 육바라밀을 설명하신 것입니다.

조금 더 쉽게 이야기해 봅시다. 보시바라밀은 내가 남에게 베품으로써 피안의 경지에 이르는 것이 아니라, '나'를 완전히 버리는 보시를 통하여 피안의 경지를 이루는 것입니다. 인욕바라밀은 단순히 참는 것이 아니라, 어떠한 어려움 속에서도 동요가 없는 경지를 이루는 것입니다.

이렇듯 보시·인욕에 대해 우리가 생각하는 것과 본래의 의미와는 너무나 큰 차이가 있기 때문에, 이를 능히 이해하고 받아들일 수 있다는 자체부터가 희유하기 그지없는 일이라 하지 않을 수 없습니다. 부처님께서는 우리의 이해를 돕기 위해, 과거생의 수행시절에 인욕했던 일을 예로 들었습니다.

※

부처님의 전생에 남인도 후단나국의 산중에서 인욕선인(忍辱仙人)으로 수행을 하고 있을 때, 그 나라의 가리왕(歌利王)이 후궁들과 함께 꽃구경을 나왔습니다. 가리왕은 점심을 먹은 후 노곤하여 잠이 들었고, 후궁들은 꽃을 따라 배회하다가 인욕선인을 발견하고 법문을 청해 들었습니다.

잠에서 깨어난 왕은 주변에 아무도 없는 것을 알고, 화가 난 채 이곳 저곳을 찾아 헤매었습니다. 마침내 왕은 후궁들이 한 수행자에게 지극한 예를 다하며 법문을 듣고 있는 것을 발견하였고, 교만한 왕의 분노는 폭발하였습니다. 왕은 성난 음성으로 선인에게 물었습니다.

"여기서 무엇하고 있느냐?"

"저는 인욕을 수행하는 중입니다."

"나의 후궁들을 모아놓고 떠벌리는 것을 보니 인욕이 아니라 탐욕을 닦고 있는 것이겠지. 내가 너의 인욕을 시험하리라. 얼마나 잘 참는지 보자."

가리왕은 칼을 뽑아 선인의 귀를 잘랐습니다. 그러나 선인은 두려워하거나 화를 내지 않았고 억지로 참는 기미도 보이지 않았습니다.

'이것이 나를 깔보고 무시하는구나. 이놈! 어디 한번 해보자.'

더욱 노한 왕은 선인의 두 팔과 두 다리, 그리고 코를 베어 버렸습니다.

"이놈아, 이렇게 해도 아프지 않느냐? 원망하는 마음이 일어나지 않느냐?"

"내가 본래 있지 않고 남 또한 떠나 있는데 무엇이 아프고 누구를 원망하겠소?"

그때 하늘에서 사천왕들이 모래와 돌들을 던졌고, 그토록 못된 가리왕도 하늘의 노여움이 두려워 무릎을 꿇고 참회하였습니다.

"선인이시여, 이제까지 한 일을 모두 참회합니다. 선인께서는 자비로써 이 참회를 받아들여 주소서."

"왕이시여, 나에게는 탐욕도 노여움도 없습니다."

"선인이시여, 그 마음을 저희가 어떻게 알 수 있습니까?"

"만일 나의 마음이 참되고 거짓이 없다면 나의 잘린 손발과 귀와 코가 본래대로 붙을 것입니다."

그 말이 끝나기가 무섭게 모든 것은 제자리에 붙었습니다. 이에 왕은 더욱 깊이 참회하였고, 후궁들은 더욱 깊이 귀의하였습니다.

부처님께서는 이상의 이야기를 예로 든 다음 말씀하셨습니다.

"그때 나는 아상도 없었고 인상도 없었고 중생상도 없었고 수자상도 없었느니라. 내가 사지를 베이고 끊겼을 때 '나'라는 생각을 비롯한 4상이 있었더라면 분한 마음, 원망하는 마음, 저주하는 마음 등이 생겼을 것이다."

실로 그렇습니다. 모진 고통과 죽음 앞에 선 이가 어떻게 그토록 태연할 수가 있겠습니까? 인욕선인에게 있어 죽음의 공포나 욕심이 완전히 떨어졌던 것처럼, 인욕바라밀을 닦는 수행인은 생사를 넘어서는 차원에 도달해야 합니다. 이 육신을 아까워하거나 죽음을 두려워하는 생각이 없어야 함은 물론이요, 마음이 언제나 평온해야 합니다. 그래야만 인욕바라밀을 성취할 수 있습니다.

그럼 어떻게 하여야 이와 같은 경지를 이룰 수 있는가? 일체의 상에 대한 집착은 마다하고라도, 아상·인상·중생상·수자상의 4상이 없어지면 됩니다. 아니, 4상 모두가 아니라 '나'를 고집하는 아상만 없어져도 가능합니다.

잠시도 아상을 벗어버리지 못하는 우리들인데, 생사를 넘어서는 인욕을 이루기가 어찌 쉬운 일이겠습니까? 하지만 우리가 향상의 길을 걷고 수행을 하는 이라면, 우리도 끊임없이 4상을 다스리는 공부를 해야 합니다.

"수보리여, 또 생각하니, 인욕바라밀을 닦고 있었던 과거 오백세 동안도 아상·인상·중생상·수자상이 없었느니라."

이 말씀은 부처님께서 5백생 동안이나 아상·인상·중생상·수자상을 다스리는 인욕바라밀을 닦았다는 것을 달리 표현한 것입니다. 부처님께서도 5백생 동안이나 닦은 이 공부. 감히 우리가 잠깐 동안에 이 공부를 이루고자 하여서야 되겠습니까? 오히려 조급한 마음을 버리고 원리를 잘 깨달아, 삶의 현장에서 쉬임없이 닦아가야 할 것입니다.

그럼 그 비결이 무엇인가? 다음 구절이 그것을 밝히고 있습니다.

3.

是故로 須菩提여 菩薩은 應離一切相하고 發阿耨多羅三藐三菩提心이니 不應住色生心하며 不應住聲香味觸法生心이요 應生無所住心이니라 若心有住하면 即爲非住니 是故로 佛說菩薩이 心不應住色布施라 하느니라

須菩提여 菩薩이 爲利益一切衆生하야 應如是布施니 如來說一切諸相이 即是非相이며 又說一切衆生이 即非衆生이니라

須菩提여 如來는 是眞語者며 實語者며 如語者며 不誑語者며 不異語者니라.

그러므로 수보리여, 보살은 마땅히 일체의 상(相)을 떠나서 아뇩다라삼먁삼보리심을 발하여야 하나니, 응당 색〔色〕

에 머물러 마음을 내지 말고 응당 소리[聲]와 냄새[香]와 맛[味]과 감촉[觸]과 법(法)에 머물러 마음을 내지 말지니, 응당 머무르는 바 없이 마음을 낼지니라. 만약 마음에 머무르는 바가 있으면 곧바로 그 머무름을 지을지니, 그러므로 부처님들이 '보살은 응당 색에 얽매이지 않는 보시를 해야 한다'고 설하시는 것이다.

수보리여, 보살은 일체 중생을 이익되게 하기 위하여 마땅히 이와 같이 보시를 해야 하나니, 그래서 여래는 '일체의 모든 상이 곧 상(相)이 아니요, 일체의 중생이 곧 중생이 아니다'라고 설하는 것이니라.

수보리여, 여래는 참다운 말을 하는 자이며 실다운 말을 하는 자이며 한결같은 말을 하는 자이며 속임수 없는 말을 하는 자이며 사실과 다르지 않은 말을 하는 자이니라.

마침내 부처님께서는 선언하셨습니다.

"보살! 향상된 삶을 살고자 하는 사람, 참으로 잘 살고자 하는 사람은 '일체의 상(相)을 떠나 위없는 깨달음을 이루겠다'는 마음을 발하여야 한다."

보살은 누구나 될 수 있습니다. 향상된 삶을 살고자 하고 참으로 잘 살고자 하면 보살이 됩니다. 잘 살고 향상된 삶을 이루는 비결 또한 특별한 것이 아닙니다. 일체의 상을 여의고, 일체의 집착과 미련을 버리고 살아가는 데 있습니다.

그러므로 우리는 일체의 색(色)에 집착하는 마음을 내지 말아야 하고, 소리나 냄새나 맛이나 감촉이나 법에 집착을 하여 번뇌를 일으키며 살아서는 안 됩니다.

그야말로 '머무르는 바 없이〔應無所住〕' 마음을 내어야 합니다. '집착이 없는 마음〔無所住心〕'으로 살아야 합니다. 그리고 집착이 생기면 자꾸자꾸 집착을 지워가야 합니다〔若心有住 卽爲非住〕.

왜입니까? 법계의 실상, 위없는 깨달음은 집착이 없으며, 그 깨달음에 그 실상에 맞는 행동 또한 집착이 없기 때문입니다. 또다시 부처님은 보시를 예로 듭니다.

"보살은 응당 색에 집착하지 않고 보시를 해야 한다."

상대방이 잘났기 때문에, '나'의 마음에 들기 때문에 보시를 하는 것은 거래의 일종일 뿐 참된 보시가 아닙니다. 더욱이 '나'의 욕심을 채우기 위해, 내 가족의 욕심을 채우기 위해 보시를 하고 기부를 하는 것이 어찌 위없는 깨달음과 연결이 되겠습니까?

진정으로 남을 이익되게 하고자 한다면 오직 무주상(無住相)으로 해야 합니다. 집착을 하지 않고 미련을 두지 않는 마음으로 베풀어야 합니다. 깨달음의 자리에는 '나'도 없고 '남'도 없으며 일체의 상도 일체의 중생도 없습니다. 그냥 집착없는 맑은 마음으로 인연을 따라 움직일 뿐입니다.

부처님께서 그토록 얽매이지 않는 보시, 무주상의 보시를 강조하신 까닭도 여기에 있는 것입니다. 이어 부처님께서는 미혹한 중생들에게 깊은 믿음을 심어주기 위해 아주 특별한 말씀까지 하십니다.

"여래는 참다운 말〔眞語〕을 하는 자이며, 실다운 말〔實語〕을 하는 자이며, 한결같은 말〔如語〕을 하는 자이며 속임수 없는 말〔不誑語〕을 하는 자이며, 사실과 다르지 않는 말〔不異語〕을 하는 자이니라."

얼핏 듣기에는 그냥 그런 말씀처럼 들리지만, 참으로 뼈 있고 무서운 말씀입니다. 내가 공부를 할 때 받들고 모시며 지도를 받았던 금봉(錦峰)노스님께서는 늘 말씀하셨습니다.

"경전 강의를 하거나 법상에서 법문을 하다가 사람들이 잘 알아듣지 못한다고 느껴지면 그들을 이해시켜 준다며 엉뚱한 설명을 하는 이들이 많다. 그것이야말로 큰 병통이다. 잘 알아듣지 못하는 사람을 위해 엉뚱한 말을 하거나 엉뚱한 비유를 드는 잘못을 범하여서는 안 된다."

나이가 들수록 노스님의 이 말씀이 가슴에 와 닿을 뿐 아니라 두렵기까지 합니다. 부처님은 참답고 실답고 한결같고 속임수 없고 사실과 다르지 않는 말을 하는 분이신데, 정녕 법문을 하는 불자들이 부처님의 말씀을 전달한다고 하면서 엉뚱한 말을 하여서야 되겠습니까? 참으로 잘 새겨 부처님의 아들딸다운 말을 해야 할 것입니다.

4.

　須菩提여 如來所得法은 此法이 無實無虛하니라 須菩提여 若菩薩이 心住於法하야 而行布施하면 如人이 入暗에 卽無所見이요 若菩薩이 心不住法하야 而行布施하면 如人이 有目하야 日光明照에 見種種色이니라

　須菩提여 當來之世에 若有善男子善女人이 能於此經에 受持讀誦하면 卽爲如來가 以佛智慧로 悉知是人하며 悉見是人하야 皆得成就無量無邊功德하리라

　수보리여, 여래가 얻은 이 법은 실(實)도 없고 허(虛)도 없느니라. 수보리여, 만약에 보살이 마음을 그 무엇에 집착하여 보시를 하게 되면, 그는 마치 어둠 속에 들어가 아무것도 보지 못하는 사람과 같게 되느니라. 만약에 보살이 마음을 그 무엇에 집착하지 않고 보시를 하게 되면, 그는 마치 눈밝은 사람이 밝은 햇빛 아래에서 가지가지의 색을 분명히 보는 것과 같느니라.

　수보리여, 장차 오는 세상의 선남자 선여인이 능히 이 경을 받아지니고 읽고 외우면, 여래는 곧 부처의 지혜로써 그 사람을 다 알고 다 보아, 그로 하여금 한량없고 가없는 공덕을 성취하게 하느니라.

　이제 부처님께서는 이 법계의 법칙이요 스스로가 깨달으신

법에 대해 말씀하십니다.

"수보리여, 부처님이 깨달은 이 법은 실(實)도 없고 허(虛)도 없느니라."

중생의 차원에서는 진짜와 가짜가 분명히 구분되어야 하는데, 부처님이 증득하셨다는 이 법은 진짜도 아니고 가짜도 아니라는 말씀입니다. 실로 허공과 같은 이 진리를 진짜라고 하면 '진짜'라는 규정이 생겨나니 허물이 붙게 되고, 가짜라고 하면 더더욱 잘못된 것이므로 '실도 없고 허도 없다'고 하신 것입니다.

실도 없고 허도 없는 법! 따라서 보살은 그 법에도 집착함이 없는 보시를 해야 합니다. '내가 한다', '내가 했다'는 자랑은 두말할 것도 없고, '부처님께서 하라고 하셨다'는 집착이 붙어서도 안 되며, '법에 맞게 했다'는 집착이 붙어서도 안 됩니다. 그래서 부처님께서는 거듭 강조를 하십니다.

"만약 보살이 내가 깨달은 법에 집착을 하여 보시를 실천하면, 그는 마치 어둠 속에 들어가 아무 것도 보지 못하는 것과 같고, 내가 깨달은 법에 대한 집착없이, 아무런 욕심이나 바램이나 부담없이 보시를 하게 되면 눈밝은 사람이 밝은 햇빛 아래에서 모든 물체를 분명히 보는 것과 같이 법을 볼 수 있게 되느니라."

이 말씀을 우리의 생활에 적용시켜 봅시다.

우리가 집착과 욕망과 기대가 가득한 마음으로 부처님께

보시를 하거나 불사에 동참하거나 복지시설에 기부하였다면, 암흑 속에 들어가서 아무 것도 보지 못하는 차원 밖에 얻을 것이 없습니다. 그리고 가족에게 이바지할 때도 '우리 부모니까, 내 자식이니까 해준다' 는 생각을 갖거나 '뒷날 덕을 보겠다' 는 생각으로 베푼다면 어둠 속에서 아무 것도 보지 못하듯 공덕도 복도 보이지 않습니다.

그러나 집착없는 순수한 마음, '정성 성(誠)' 자 하나에서 깨끗하게 실천하는 행이면, 눈밝은 사람이 밝은 햇빛 아래에서 사물을 보듯이 공덕과 복이 또렷하게 모습을 나타내는 것입니다.

실로 이 금강경은 무한의 공덕과 무한의 행복을 제쳐놓고 욕망과 감정과 집착 때문에 잘못 살고 있는 우리를 무섭게 꾸지람하는 내용으로 가득 차 있습니다. 하지만 세상살이를 하면서 이러한 가르침대로 살기란 참으로 어렵습니다. 오랫동안 욕망과 감정과 집착 속에서 살아온 습관을 버리기가 쉽지 않기 때문입니다.

그러나 지금이라도 늦지 않습니다. 지금이라도 마음을 다 잡고 근본 주춧돌을 바로 놓으면 결코 어렵지가 않습니다. 우리가 진짜 '나' 라고 착각하고 있는 욕망과 감정과 집착에 쌓인 '나' 부터 비워보십시오. 이 거짓된 '나' 야말로 무한 공덕과 무한 행복을 가로 막는 원수입니다.

더 이상은 원수를 기르고 감싸고 아끼지 마십시오. 그 '나'

가 나를 망칩니다. 그리고 그 '나'의 가족에 대한 기대나 바램을 모두 비우고 깨끗한 마음으로 축원해드리고 보살펴드려야 합니다.

부처님께서는 끝으로 우리의 용기를 북돋우어 주는 말씀으로 금강경 상권의 법문을 끝맺음합니다.

"수보리여, 장차 오는 세상의 선남자 선여인이 이 금강경을 받아지니고 읽고 외우면, 여래는 곧 부처의 지혜로써 그 사람을 다 알고 다 보아서 그로 하여금 한량없고 가없는 공덕을 성취하게 하느니라."

그러나 이 말씀 또한 막연히 경전을 읽고 외우기만 하면 된다는 것이 아닙니다. 금강경의 내용을 잘 새기고 그 가르침에 따라 마냥마냥 '나를 놓아버리라'는 것입니다. 집착과 욕망과 기대심리를 버리라는 것입니다.

그리고 '나'와 일체 대상에 집착과 욕망과 기대를 놓아버린 가운데에서, 모든 나무의 꽃을 피워주는 봄바람처럼 살라는 것입니다. 봄바람과 같은 무위법(無爲法)으로 살라는 것입니다.

거듭 모든 일을 하실 때 상에 얽히지 않고 하여야 진정한 복이 되고 위없는 깨달음을 이루는 공덕이 된다는 것을 강조 드리면서, 금강경 상권의 해설을 끝맺습니다. 모두 모두 무소주(無所住)의 마음으로 성불하소서.

持經功德分 第十五
지 경 공 덕 분 제 십 오

　須菩提야 若有善男子善女人이 初日分에 以恒河沙等身으로 布施하며 中日分에 復以恒河沙等身으로 布施하며 後日分에 亦以恒河沙等身으로 布施하야 如是無量百千萬億劫을 以身布施하야도 若復有人이 聞此經典하고 信心不逆하면 其福이 勝彼어든 何況書寫受持讀誦하야 爲人解說가

　須菩提여 以要言之컨댄 是經은 有不可思議不可稱量無邊功德하나니 如來ㅣ 爲發大乘者說이며 爲發最上乘者說이니라 若有人이 能受持讀誦하야 廣爲人說하면 如來ㅣ 悉知是人하며 悉見是人하야 皆得成就不可量不可稱無有邊不可思議功德하리니 如是人等은 卽爲荷擔如來阿耨多羅三藐三菩提라

　何以故오 須菩提여 若樂小法者는 着我見 人見 衆生見 壽者見일새 卽於此經에 不能聽受讀誦하야 爲人解說이니라

　須菩提여 在在處處에 若有此經하면 一切世間天人阿修羅의 所應供養이니 當知此處는 卽爲是塔이라 皆應恭敬ㅣ作禮圍繞하야 以諸華香으로 而散其處하리라

　수보리여, 만약 어떤 선남자 선여인이 아침에 항하의 모

래 수와 같은 몸으로 보시를 하고, 낮에 다시 항하의 모래 수와 같은 몸으로 보시를 하고, 저녁에 또한 항하의 모래 수와 같은 몸으로 보시를 하되 한량없는 백천만억겁 동안 몸으로 보시를 하더라도, 어떤 사람이 이 경전을 듣고 믿는 마음으로 거역하지 아니하였다면 그 복덕이 저 몸을 보시한 복덕보다 수승하니라. 하물며 경을 베껴 쓰거나, 받들어 지니고 독송하거나, 남을 위해 해설을 해주는 공덕이랴.

　수보리여, 요점만 말한다면 이 경은 불가사의하여 가히 측량할 수 없는 가없는 공덕을 지니고 있나니, 여래는 대승(大乘)의 마음을 발한 자를 위하여 이 경을 설하며 최상승(最上乘)의 마음을 발한 자를 위하여 이 경을 설하느니라. 만약 어떤 사람이 능히 이 경을 받들어 지니고 독송하고 널리 남을 위해 설하여 주면 여래는 이 사람을 다 알고 다 보나니, 이 사람은 가히 헤아릴 수 없고 말로 표현할 수 없는, 한없이 불가사의한 공덕을 모두 얻어 성취하게 되느니라. 이러한 사람은 곧바로 여래의 아뇩다라삼먁삼보리를 짊어지고 나아가느니라.

　무슨 까닭인가? 만약 작은 법을 좋아하는 사람은 아견(我見)과 인견(人見)과 중생견(衆生見)과 수자견(壽子見)에 집착하기 때문에 이 경을 능히 들으려 하지 않고 받아 들이려 하지 않으며, 독송을 하거나 남을 위해 해설을 해주지 못하느니라.

수보리여, 어느 곳이든지 이 경이 있는 곳이면 일체 세간의 천인과 인간과 아수라가 응당 공양을 하느니라. 마땅히 알아라. 이 경이 있는 곳은 곧 탑이 되나니, 모두가 공경하여 예배를 드리고 주위를 돌며 갖가지 꽃과 향을 뿌리느니라.

제14「이상적멸문」에서는 모든 상을 떠날 때 불교의 최고 목표인 열반의 경지에 저절로 이르게 됨을 설하셨고, 제15「지경공덕분(持經功德分)」에서는 경을 지니는 공덕이 어느 정도인가를 구체적으로 밝히고 있습니다. 과연 경을 지니는 공덕은 얼마나 큰 것일까?「지경공덕분」의 내용을 풀어서 다시 한 번 살펴봅시다.

"수보리야, 만약 어떤 사람이 아침에 갠지스강의 모래알 수만큼의 몸으로 보시를 하고, 낮과 저녁 때에도 그와같이 보시를 하여, 하루 세 차례씩 백천만억겁 동안 보시를 하였다면 그 공덕이 어떻겠느냐? 그야말로 무량하기 그지없느니라. 하지만 이보다도 금강경, 곧 위없는 깨달음의 마음을 발하게 하는 이 경전을 듣고 믿는 마음을 내어 거역하지 않는 사람은 더 큰 복덕을 얻게 되느니라."

부처님께서는 금강경의 내용을 완전히 요달해야만 무량복덕이 생긴다고 하지 않으셨습니다. '믿는 마음을 내어 거역하지 않으면' 무량겁동안, 그것도 하루에 세 차례씩 갠지스강의 모래알 수만큼의 몸을 보시한 공덕보다 크다고 한 것입니다.

확실히 믿어 비방만 안하고 비평만 안할 수 있어도 무량공덕을 얻게 된다고 하셨습니다. 하물며 그와 같은 믿음 속에서 사경(寫經)을 하고, 언제나 받들어 지니고 독송을 하고 남을 위해 해설을 해주는 공덕이야 어찌 다 표현할 수가 있겠습니까?

그런데 여기에 한 가지 문제가 숨어 있습니다. 바로 '믿음〔信〕'입니다. 과연 '믿는다'는 것이 무엇입니까? '아! 참으로 그렇구나' 하는 것입니다. 금강경을 접하고 이렇게 확신을 하면 그야말로 무량공덕이 생깁니다.

그런데 우리는 어떻습니까? '아, 참으로 그렇구나' 하는 확신과는 관계없이, 무량공덕이 있다고 하니 읽고 사경하고 해설도 해봅니다. 솔직히 말하면 그 공덕이 탐이 나서 금강경을 수지독송하는 것입니다.

이처럼 공덕을 얻고자 하는 기대심리로 금강경을 수지독송하여서는 절대로 무량공덕이 생겨나지 않습니다. 이에 대해 부처님께서는 경문을 통하여 분명히 지적하셨습니다.

"이 경전은 불가사의하여 가히 측량할 수 없고 가없는 공덕을 지니고 있다. 이 경은 아무에게나 설하는 경전이 아니다. 부처님께서는 대승의 마음을 발한 사람을 위하여 이 경을 설하며, 최상승(最上乘)의 마음을 발한 자를 위하여 이 경을 설하느니라."

곧 금강경의 설법 대상이 대승인이요 최상승인이라는 말씀입니다. 그럼 대승이 무엇이고 최상승이 무엇인가?

대승(大乘)은 큰 수레입니다. 많은 중생이 함께 타고 해탈의 세계를 향해 나아가는 큰 수레입니다. 결코 '나' 혼자나 '나'와 가까운 사람만이 함께 탈 수 있는 작은 수레가 아닙니다. 그리고 최상승은 좋고 싫고, 더럽고 깨끗하고, 즐겁고 괴로운 등의 상대적인 것을 모두 넘어서서 부처의 경지로 곧바로 나아가는 불이(不二)의 수레입니다.

그런데 우리는 어떠합니까? '나'의 행복, 내 가족의 불행 타파를 위해 기복적으로 불교를 믿는 이가 대부분입니다. 어찌 이러한 우리를 대승의 마음을 발한 불자라 할 것이며, 최상승의 마음을 발한 불자라 할 수 있겠습니까?

참으로 우리가 대승과 최상승의 마음을 발하였다면, 모든 집착을 비우고 모든 상을 떠나게 하는 이 경을 읽는 순간에 크게 느끼고 크게 깨달아 확고한 믿음을 가질 수 있게 되며, 동시에 무량공덕을 성취할 수 있습니다. 부처님의 말씀 그대로 위없는 바른 깨달음인 '아뇩다라삼먁삼보리를 짊어지고 나아갈 수 있는' 것입니다.

그러나 작은 법[小法]을 좋아하는 우리는 확고한 믿음 위에 서지를 못합니다. '나'의 성취, '나'의 행복, 내 가족의 행복 추구에 갇혀 금강경을 접하기 때문에, 모든 집착과 상을 벗어던지도록 하는 금강경의 가르침을 쉽게 이해하지 못하는 것입니다.

한 번 돌이켜 보십시오. 아상·인상·중생상·수자상의 4상(相) 중에서 아상을 벗을 생각조차도 하지 않는데, 어떻게 일체상을 벗어버리도록 하는 금강경의 가르침에 대해 확신을 할 수 있을 것이며, 무량공덕을 이룰 수가 있겠습니까?

마음을 넓게 쓰면 큰 복덕이 뒤따르고, 마음을 좁게 쓰면 복덕도 적을 수 밖에 없습니다. 그런데도 우리는 '나'라는 작은 법만을 좋아하며 살아가고 있습니다. 그 '나'가 윤회와 죄업의 근본이 되고 있는데도 그 법을 놓아버리지를 못합니다. 이 때문에 정말 박복하고 보잘 것 없는 근기(根機)가 되고 있는데도 끝없이 '나'라는 작은 굴레 속에서 아등바둥하며 살아갑니다.

조그마한 일을 하나 해놓고도 남이 모를까 걱정이 되는지, 세치의 짧은 혀로 '내가 어디서 무엇을 어떻게 했어' 하는 자랑을 늘어놓아 복을 모두 부수어 버립니다. 이것이 '나'의 근기가 약하고 그릇이 작고 기운이 모자라고 복이 없다는 증거가 아니고 무엇이겠습니까?

화엄경 입법계품(入法界品)의 주인공인 선재(善財) 동자는 53선지식을 친견하기 위해 110고을을 힘들게 힘들게 찾아갔고, 그 선지식들이 일러주시는 가르침을 체득하기 위해 고행을 쌓고 또 쌓았으나 지칠 줄을 몰랐습니다. 한결같은 구도(求道)의 정신으로 일관한 선재동자는 마지막으로 문수보살의 수기를 받고 보현보살과 함께 부처님의 부사의한 경계 속으로 들어 갈 수 있었던 것입니다.

비록 우리가 선재동자와 같은 큰 근기가 되지는 못할지언정, '나'의 굴레 속에 빠져 사는 요소법자(樂小法者)가 되어서는 안됩니다. 작은 법을 즐기는 요소법자에게 어찌 무량공덕이 찾아들겠습니까?

정녕 무량공덕을 얻기를 원한다면 먼저 '나'를 바꾸어야 합니다. '나'의 마음을 대승과 최상승의 마음으로 바꾸어야 합니다. 내 마음이 바뀌면 금강경의 법문이 막힘없이 '나'의 것이 되고, 금강경에 대한 확실한 믿음도 저절로 서게 됩니다.

물론 요소법자에다가 '나'의 굴레에 갇혀 사는 것이 습관화된 우리가 대승의 마음을 갖기는 쉽지가 않습니다. 하지만 실망할 일은 아닙니다. 대승의 문을 열 수 있는 열쇠가 바로 '나'의 의지요 실천이기 때문입니다.

지금부터라도 대승심으로 살겠다는 결심 아래 꾸준히 대승의 경전을 독송하고 사경하고 뜻을 새기다 보면, 마음이 차츰 대승심으로 바뀌면서 믿음의 주춧돌이 놓이게 되고, 믿음의 주춧돌이 놓이는 만큼 공덕도 커지기 마련입니다.

기도의 한 방법으로 금강경을 독송하거나 사경을 할 때에도 이 원리를 잊어서는 안됩니다. '나'의 마음을 대승심으로 바꾸어 기도를 하면 훨씬 빨리 쉽게 기도성취가 되기 때문입니다.

최소한 '정성 성(誠)', 이 한 글자는 잊지 마십시오. 비록 금강경의 뜻을 잘 알지는 못할지라도 정성을 다해 임하면 불가사의한 공덕이 생겨나게 됩니다.

❋

중국 명나라 때 강백달이라는 소년이 있었습니다. 소년은 15세에 문둥병에 걸렸고, 병이 차츰 심하여져서 진물이 흐르는 악취를 풍기자 부모 형제까지 기피했습니다. 가족들은 의논 끝에 동네에서 떨어진 깊은 산중에 움막을 지어 강백달을 버렸습니다.

모두가 싫어하는 문둥병에다 가족까지 자기를 버렸으니 집으로 돌아가고 싶어도 돌아갈 수가 없었습니다. 16세의 강백달이 죽기만을 기다리며 근근히 목숨을 이어가던 어느 날, 한 스님이 지나가다가 혀를 차며 말했습니다.

"한창 활기 왕성할 나이인데 무슨 업으로 모진 병을 얻어 고생을 하는고? 그래, 너는 살고 싶으냐?"

"예, 살고 싶습니다."

"살고 싶으면 병이 나아야 하는데…. 내가 시키는 대로만 하면 병이 낫고 다시 살 수 있을텐데…."

"스님, 그 방법이 무엇입니까?"

"꼭 내가 시키는대로 할 수 있겠느냐?"

"병이 나아 살 수만 있다면 무엇이든 하겠습니다."

스님은 강백달에게 금강경 사구게(四句偈)를 적어 주었습니다.

무릇 있는 바 상(相)은

다 헛되고 망령된 것이다

만약 모든 상(相)이 상 아님을 보면

곧바로 부처님을 보게 되느니라

凡所有相 皆是虛妄

若見諸相非相 卽見如來

"이 구절을 잊지 말고 부지런히 외우면 틀림없이 병이 나으리라."

"이것만 외우면 됩니까? 이렇게 쉽습니까?"

"그래, 하지만 정성껏 마음을 모아야 하느니라."

강백달은 사구게를 병을 낫게 해주는 주문으로 생각하고 부지런히 외웠습니다. 밤이 되면 깊은 산중에 혼자 있는 두려움 때문에 더 열심히 외웠습니다. 그런데 어느 날 밤, '휙—' 하는 소리가 나더니 커다란 호랑이가 앞쪽에 마주 앉는 것이었습니다. 눈에서는 파란 불을 내뿜으며….

'아이쿠, 이제 죽었구나.'

도망칠 수도 피할 수도 없게 된 강백달은 눈을 꼭 감고 '범소유상 개시허망…' 만 죽어라고 외웠습니다. 그리고 호랑이가 다가와 몸을 혓바닥으로 핥는 것을 느끼는 순간 삼매에 들었습니다.

얼마 뒤 눈을 떴을 때 호랑이는 간데 없었고, 문둥병은 완전히 나아있었습니다. 너무나 좋아 집으로 달려가자, 부모님과 형제들은 기급을 했습니다.

"저것이 가족을 원망하고 저주하다가 죽어, 귀신이 되어 원한을 갚으러 왔구나."

강백달이 자초지종을 이야기해 주자 가족이 모두 참회를 하였고, 이 사실이 동네에 전해지자 온 동네 사람들이 금강경 사구게를 외워 재앙을 없애었다고 합니다.

강백달은 금강경 전체를 독송하지 않았습니다. 사구게 하나만을 확고히 믿고 외웠습니다. 마침내 호랑이가 나타나자 '이렇게 죽으나 저렇게 죽으나 죽는 것은 마찬가지! 열심히 외우다가 죽자'는 마음가짐으로 죽을 힘을 다해 외우다가 삼매에 빠져들었고, 깨어났을 때에는 문둥병이 완전히 나아 있었습니다.

이렇듯 사구게만이라도 지극한 정성으로 외우면 뜻밖의 영험과 공덕이 생기는 것입니다. 하물며 정성을 다해 금강경 전체를 독송하거나 사경을 한다면 어찌 그 공덕이 크지 않을 수 있겠습니까? 더욱이 금강경 그 자체 속에 공덕이 깃들어 있다는 것을 부처님께서는 다음과 같이 말씀하셨습니다.

"수보리여, 어느 곳이든지 이 경이 있는 곳이면 일체 세간의 천인과 인간과 아수라가 응당 공양을 하느니라. 마땅히 알아라. 이 경이 있는 곳은 곧 탑이 되나니, 모두가 공경하여 예배를 드리고 주위를 돌며 갖가지 꽃과 향을 뿌리느니라."

이는 제12「존중정교분(尊重正教分)」에 이어 비슷한 내용을 거듭 말씀하신 것으로, 금강경이 있는 자리는 부처님이 계시는 자리와 같고 부처님을 모셔 놓은 탑이나 법당과 같다는 것을 다시 한 번 강조하신 것입니다. 이제 이를 증명하는 옛 이야기 한 편을 음미해 봅시다.

※

수나라 말기에 중국 익주의 십본현 왕자리라는 동네에 성이 구씨(具氏)인 선비가 있었습니다. 구씨 선비는 평소에 금강경을 즐겨 외어 깊은 진리를 터득하였습니다. 어느 날 선비는 마을의 동쪽에 있는 들판에 서서, 하늘을 향해 손가락으로 글씨를 쓰기를 멈추지 않았고, 이상하게 여긴 동네 사람들이 까닭을 물었습니다.

"선비 어른, 하늘을 향해 무엇을 쓰고 있습니까?"

"금강경을 쓰고 있노라."

"왜요?"

"천상의 사람들이 와서 이 경을 읽고 공경심을 내도록 하기 위함이야."

하지만 동네 사람들은 어느 누구도 그 말씀을 이해하거나 믿지 않았습니다. 다만 그 뒤부터 비가 와도 그 자리에는 비가 내리지 않았으므로, 들에 나갔던 사람들이 소나기를 만나면 그 자리에서 비를 피하곤 하였습니다.

그리고 그로부터 2~30년의 세월이 흐른 당나라 고조(高祖)의 무덕연간(武德年間, 618~628)에, 인도에서 온 스님이 그 동네를 지나가다가 구씨 선비가 글씨를 썼던 곳에 이르러 끊임없이 절을 하는 것이었습니다.

"스님, 거기에는 부처님도 없고 탑도 없는데, 무엇 때문에 공중을 향해 그토록 열심히 절을 합니까?"

동네 사람의 질문에 오히려 스님은 의아해하며 물었습니다.

"모두가 이 동네에 사시는 분들이시오?"

"그렇습니다."

"그런데도 내가 절을 하는 까닭을 모르십니까?"

"예, 왜 절을 하십니까?"

"이 자리에는 금강경이 쓰여져 있어 언제나 천상 사람들이 와서 공양을 올리고 예배를 올립니다. 그런데도 가장 가까이에 있는 사람들이 그것을 모르다니 참으로 안타깝구려. 절대로 이 자리를 더럽히지 않도록 하십시오."

스님이 떠나간 뒤 동네 사람들은 그 자리에 깨끗한 정자를 지어 신성시 하였으며, 그 정자에 있으면 가끔씩 인간세상에서는 들을 수 없는 매우 아름다운 풍악소리가 들렸다고 합니다.

허공에 쓴 글씨가 수 십년이 지난 후에도 지워지지 않고 천인들의 공양처가 되었다는 것! 이것을 어떻게 생각합니까?

바로 이것이 금강경의 불가사의입니다.

　금강경은 결코 종이 위에 먹으로 쓴 하나의 책이 아닙니다. 그 자체가 빛과 힘을 가지고 있습니다. 하지만 그 빛과 힘은 아무나 발현시킬 수가 없습니다. 온 우주에 가득 충만되어 있는 진리의 빛과 힘을 발현시키는 것! 그것은 바로 '나'의 몫입니다.

　평소에 금강경을 즐겨 외워 진리를 터득한 구씨 선비. 그분이 썼기에 능히 기적같은 일을 이룬 것처럼, 우리도 최상승법을 설한 금강경의 가르침을 잘 새기고 확실히 믿어 모두 상과 집착을 벗어버리면 불가사의한 무량공덕을 발현시킬 수 있습니다.

　우리 중생을 부처의 경지로 끌어 올리기 위해 부처님께서 심혈을 기울여 설하신 금강경. 2천여 년 동안 수많은 불자들을 깨달음의 세계로 인도한 금강경. 이 금강경의 법문을 정성껏 공부하고 새기고 받아들여서 꼭 무량공덕을 성취하시기 바랍니다.

能淨業障分 第十六
능 정 업 장 분 제 십 육

　　復次須菩提여 善男子善女人이 受持讀誦此經하대 若爲人輕賤하면 是人이 先世罪業으로 應墮惡道로대 以今世人이 輕賤故로 先世罪業이 卽爲消滅하고 當得阿耨多羅三藐三菩提하리라
　　須菩提여 我念過去無量阿僧祗劫하니 於燃燈佛前에 得値八百四千萬億那由他諸佛하야 悉皆供養承事하대 無空過者어니와 若復有人이 於後末世에 能受持讀誦此經하면 所得功德이 於我所供養諸佛功德으로 百分不及一이며 千萬億分乃至算數譬喩로 所不能及하리라
　　須菩提여 若善男子善女人이 於後末世에 有受持讀誦此經하는 所得功德을 我若具說者면 或有人이 聞하고 心卽狂亂하야 狐疑不信하리니 須菩提여 當知是經은 義不可思議하며 果報亦不可思議니라.

　　또 수보리여, 선남자 선여인이 이 경을 받아지니고 독송하면서도 남에게 업신여김을 당하면, 이 사람은 전생의 죄업으로 마땅히 악도(惡道)에 떨어질 것이로되, 금생에 업신여김을 받는 까닭으로 전생의 죄업이 곧 소멸되어 마땅히

아뇩다라삼먁삼보리를 얻게 되느니라.

　수보리여, 내가 과거의 헤아릴 수 없는 아승지겁을 생각해보니, 연등불을 뵙기 전에 팔백사천만억 나유타수의 많은 부처님을 만나 모두 다 공양하고 받들고 섬기어 헛되이 지냄이 없었느니라. 그런데 어떤 사람이 있어 앞으로 오는 말세에 능히 이 경을 받아지니고 독송을 하면, 내가 모든 부처님께 공양한 공덕으로는 그 공덕의 백분의 일에도 미치지 못하며, 천만억분의 일 내지 숫자의 비유로는 도저히 미칠 수가 없느니라.

　수보리여, 만약 선남자 선여인이 앞으로 오는 말세에 이 경을 받아 지니고 독송함으로써 얻게 되는 공덕을 다 갖추어 말한다면, 혹 어떤 사람은 듣고 마음이 산란해져서 여우처럼 의심하고 믿지 않을 것이니라. 수보리여, 마땅히 알아라. 이 경은 뜻도 불가사의하며 그 과보 또한 불가사의하니라.

　제16 「능정업장분(能淨業障分)」은 금강경이 능히 업장을 맑힌다는 것을 밝힌 부분입니다. 우리 불자들 가운데에는 절에 열심히 다니는데도 고생을 많이 하고 집안이 편안하지 않은 이들이 더러 있습니다. 또 경전을 열심히 외우거나 기도를 정성껏 하는데도 잘 풀리지 않는 이들이 있습니다.

　이때 어떤 이들은 "절에 열심히 다녀도 소용이 없다", "금강경을 읽고 외워도 소용이 없다", "기도를 하여도 영험이 없다"는 말을 주저하지 않고 합니다.

　그러나 여기에서 좌절을 하면 안됩니다. 바로 이때가 더욱 열심히 할 때요 업을 녹일 수 있는 시기이기 때문입니다. 특히 기도하고 경전을 읽게 되면 받아야 할 업장이 앞당겨 찾아오는 일이 많습니다. 10생동안 받아야 할 업을 한 생에 모두 받는다든지 한 평생 치루어야 할 고통을 1~2년 사이에 모두 받는 경우가 있습니다.

　예를 들면, 대각국사 의천스님의 전생처럼, 한 생에는 앉은뱅이, 한 생에는 장님, 한 생에는 귀머거리요 벙어리로 살아야 할 삼생의 업을 죽기 3년 전에 모두 받는 수도 있는 것입니다. 염불하고 독경을 한 공덕으로 삼생을 장애인으로 살아야 할 것을 한 생을 마감하는 늙은 나이에 모두 다 받아버리고, 그 다음 생에 고려국의 왕자로 태어나 국사에까지 이르렀으니, 이와 같은 복이 또 어디에 있겠습니까?

　그러므로 경을 읽고 기도하여 염불하는데도 오히려 꼬인다고 하여 실망을 할 일이 아닙니다. 뒤집어 생각하면 꼬이고 막히는 것이 '업 녹는 소식'인 것입니다. 그래서 부처님께서는 말씀하셨습니다.

　"금강경을 수지독송하면서도 남에게 업신여김을 당하거나 괄세를 받거나 푸대접을 받는 사람이 있다. 이 사람은 전생의 죄업으로 삼악도에 떨어질 것이나, 경을 수지독송하는 공덕 덕분에 업신여김과 괄세를 당하는 정도로 전생의 죄업을 다

녹이고 있는 것이다. 따라서 이 사람은 다음에 위없는 깨달음을 얻을 수 있게 된다."

얼마나 희망적인 말씀입니까? 지금의 장애는 그야말로 업이 녹는 소식입니다. 그것도 크게 받을 것을 아주 작게 받으면서….

그럼 어떻게 이와같은 일이 가능한가? 바로 금강경이 지닌 힘과 공덕 때문입니다. 그래서 부처님께서는 금강경의 수지독송 공덕을 다시 한 번 강조하셨습니다.

"내가 셀 수 없이 많은 세월의 아승지겁 동안 뵈온, 셀 수 없이 많은 팔백사천만억 나유타라는 수의 부처님을 공양하고 섬긴 모든 공덕과 금강경을 수지독송하는 공덕을 비교하면 금강경을 수지독송하는 공덕이 천만억배나 크다."

어찌 진실한 말씀만 하는 부처님께서 우리를 속이겠습니까? 최상승법! 모든 집착을 놓게 하고 모든 상을 떨치게 하는 최상승법문을 담아 놓은 경전이 금강경이기에 부처님께서 이렇게 말씀할 수 있었던 것입니다.

집착 속에서 무수겁 동안 행하는 좋은 일과 집착을 비우고 하는 일. 상을 내면서 하는 일과 상을 떠나서 하는 일. 이 차이는 너무나 클 수밖에 없습니다. 금강경의 가르침을 따라 집착을 비우고 상을 떠나서 살게되면 그야말로 그 과보는 우리의 생각으로 미칠 바가 아닌 불가사의인 것입니다.

그러므로 금강경 수지독송의 공덕을 철저히 믿고 장애가

풀리지 않는 그때를 기회로 삼아 더욱 열심히 정진하고 참회해야 합니다. 이것이야말로 불법의 큰 힘이라는 것을 잊지 않으면서 더욱 힘을 모아야 합니다.

금강경을 수지독송하며 열심히 참회하십시오. 장애와 막힘, 괄세·비난·푸대접을 받는 지금 이 순간에 허물과 죄업이 자꾸 없어져 간다는 것을 생각하면서 더욱 열심히 참회를 해야 합니다.

참회는 참으로 중요합니다. 이제 내가 곳곳에서 참회와 관련하여 자랑인양 숨김없이 말하는 이야기 한 편을 함께 음미한 다음 제17분으로 넘어가도록 합시다. 이는 바로 나의 어머니가 돌아가셨을 때의 이야기입니다.

❋

나의 어머니는 승려인 큰아들을 둔 인연으로 염불도 많이 하고, 이 절 저 절에서 노년을 보내며 나름대로 정진을 하셨습니다. 그리고 고기나 마늘 등의 절에서 금하는 음식을 싫어하셨는데, 돌아가실 무렵에 특별한 유언을 하셨습니다.

"내가 죽은 다음, 절대로 산 목숨을 해치지 말아라."

장례를 치를 때 손님 접대를 위해 가축을 잡거나 살생을 하지 말라는 말씀이셨습니다. 어머니의 장례는 경상남도 합천의 첩첩산골에 있는 동생 집에서 치루어졌고, 장남인 나를 대신하여 어머니를 모셨던 동생은 마을의 풍습이라며 고집을 부렸습니다.

"돼지를 한 마리 잡아야겠습니다."

"어머니 말씀까지 있었는데 제발 그러지 말아라. 어지간하면 사다 쓰도록 해라. 돈은 내가 부담할테니까."

"사다 쓰는 것으로는 감당이 안 됩니다. 돼지 한마리를 잡으면 국물이 한방울이라도 더 남고 고기 한 점이라도 득이 됩니다."

내가 말리고 또 말렸지만 동생은 고집을 꺾지 않았고, 마침내 집에서 조금 떨어진 계곡에서 가축을 잡았습니다. 그런데 바로 그 시각, 어머니의 영정사진에 왼쪽에서부터 오른쪽으로 검은 그림자가 딱 생기는 것이었습니다.

'아차! 잘못했구나. 내가 끝까지 말렸어야 되는 것을. 정말 잘못되었다.'

누님도 사진을 보더니 경상도 사투리로 말했습니다.

"이 사진이 와 이렇노? 조금 전까지는 아무렇지도 안했는데. 와 이렇노? 와 이렇노?"

나는 차마 사실대로 말을 할 수 없었습니다. 다만 혼자서 경을 읽고 염불도 하며 가축을 잡는 것을 끝까지 말리지 못한 나의 잘못을 참회하였습니다. 그러나 49재일이 다 되도록 그 그림자는 없어지지 않았습니다. 나는 더욱 열심히 기도를 하며 빌었습니다.

"제발 그림자가 사라지게 하소서."

다행히 49재일이 되자 그 그림자가 사라졌습니다.

'아, 다행이구나.'

내가 여러 법회에서 이 이야기를 자주하는 것을 듣고 가까이에 있는 사람들이 종종 만류를 합니다.
"스님, 그 이야기 그만 해요. 그 이야기가 무슨 자랑거리라고 자꾸 하십니까?"
물론 자랑으로 이 이야기를 하는 것이 아닙니다. 참회의 염(念)으로 하는 것입니다. 금강경의 제16「능정업장분」을 설명하다가 이 이야기를 하는 까닭도, 이러한 일을 함께 새김으로 해서 어머니의 죄업도 녹아지고 동생의 산 목숨을 죽인 죄업도 없어지고 나의 죄업도 없어진다는 생각에서 하는 것입니다.
부디 잘못이 있으면 숨기지 말고 감추지 말고 참회를 하십시오. 숨김없이 참회하면 마침내 업이 다하여 원래의 깨달음으로 다가섭니다.
명심하십시오. 금강경을 수지독송하며 기도를 하는데도 풀리지 않는다고 하여 기도를 바꾸거나 기도를 멈추어서는 안 됩니다. 오히려 더욱 열심히 하여야 합니다. 왜냐하면 그 장애는 큰 업을 작게 앞당겨 받는 것이기 때문입니다.
그리고 열심히 꾸준히 하다보면 업이 하나씩 하나씩 녹아내리고 마침내 모든 업이 풀려 일체의 상을 넘어선 아뇩다라삼먁삼보리를 증득할 수 있게 됩니다. 그날까지 고삐를 늦추지 말고 다함께 정진합시다.

究竟無我分 第十七
구 경 무 아 분 제 십 칠

앞의 제 16 「능정업장분(能淨業障分)」에서는 금강경을 통하여 업장을 밝힐 수 있음을 설하셨고, 여기 제 17 「구경무아분(究竟無我分)」은 불자가 처음 발심하여 위없는 깨달음인 아뇩다라삼먁삼보리를 이룰 때까지 '무아(無我)'로써 주춧돌을 삼아야 함을 주제로 삼고 있습니다.

그럼 어떻게 하여야 무아를 주춧돌로 삼아 위없는 깨달음으로 나아갈 수 있는 것인가? 이를 밝힌 「구경무아분」의 본문은 매우 길기 때문에 세 단락으로 나누어 살펴보고자 합니다.

1.

爾時에 須菩提- 白佛言하사대 世尊하 善男子善女人이 發阿耨多羅三藐三菩提心인댄 云何應住며 云何降伏其心하리잇고
佛告須菩提하사대 若善男子善女人이 發阿耨多羅三藐三菩提心者는 當生如是心이니 我應滅度一切衆生하리라하야 滅度一切衆生已라도 而無有一衆生도 實滅度者니라
何以故오 須菩提여 若菩薩이 有我相 人相 衆生相 壽者

相이면 卽非菩薩이니 所以者何오 須菩提여 實無有法- 發阿
耨多羅三藐三菩提心者니라

그때 수보리가 부처님께 아뢰었다.
세존이시여, 선남자 선여인들이 아뇩다라삼먁삼보리심을 발한 다음, 마땅히 어떻게 머물러야 하며 어떻게 그 마음을 항복 받아야 하나이까?
부처님께서 수보리에게 말씀하셨다.
만약 선남자 선여인이 아뇩다라삼먁삼보리심을 발하였으면 마땅히 이와 같이 마음을 내어야 하느니라. 곧 '나는 마땅히 일체 중생을 멸도(滅度)케 하리라' 하되, 일체 중생을 멸도케 하고 나서는 한 중생에 대해서도 '멸도시켰다'고 함이 없어야 하느니라.
어찌하여 그러한가? 만약 보살에게 아상·인상·중생상·수자상이 있으면 보살이 아니기 때문이니라. 무슨 까닭인가? 수보리여, 실로 법에는 아뇩다라삼먁삼보리심을 발하였다고 하는 것이 없기 때문이니라.

이 첫 번째 단락에서 수보리존자는 금강경 제2「선현기청분(善現起請分)」에서 질문했던 것과 똑같은 것을 여쭈어보고 있습니다.
"세존이시여, 선남자 선여인이 아뇩다라삼먁삼보리심을

발한 다음, 마땅히 어떻게 머물러야 하며 어떻게 그 마음을 항복 받아야 하나이까?"

다른 불경을 보면 이와 같이 똑같은 내용을 거듭 질문하는 경우가 없는데 왜 금강경에서는 전체 32분 중 제 17분, 곧 후반부의 시작에 해당하는 부분에서 다시 같은 질문을 한 것일까요?

그 까닭은 금강경의 주제가 보리심을 유지하고 그릇된 마음을 항복받는데 있기 때문에 그 중요성을 부각시키기 위함이라고도 할 수 있을 것입니다. 그러나 보다 큰 이유는 제 1분에서 제 16분까지가 진리를 이해하는 '해오(解悟)'를 위한 설법인데 대해, 이제부터는 이해한 진리를 실천하고 수행하여 체득을 하는 '증오(證悟)'를 위해 부처님께서 설법을 하는 부분이기 때문입니다.

곧 수보리존자가 부처님의 설법을 통하여 진리에는 아상·인상 등의 상이 없고 일체의 상을 넘어섰다는 것을 확실히 깨닫는 해오의 경지를 이루기는 하였지만, 실천하는 단계에서는 아상·인상 등의 모든 상을 떠난 보리심이 잘 유지되지 않고 여러가지 장애가 나타나기 때문에 그것을 타파하기 위해 다시 부처님께 같은 질문을 한 것입니다.

이 거듭된 질문에 부처님께서는 실수행상에 있어 보리심을 유지하는 방법이라며 다음과 같이 설하셨습니다.

"스스로 '마땅히 일체 중생을 제도하리라' 하는 서원을 세운 이가 그 원을 실천해 나아가는 단계에 있어서는 '내가 일체 중생을 제도하고 있다'는 생각을 내지 말아야 할 것이요, 일체 중생을 다 제도해 마친 다음에는 '내가 일체 중생을 제도했다'는 생각을 해서는 안 된다. 이렇게 그 마음을 항복받아라."

이를 우리의 실생활에 대입시키면, 나 스스로 작정하고 맹세하고 하기로 한 것을 실천하는 과정에서나 결과를 본 다음에 '내가 하고 있다', '내가 했다'는 마음을 내지 말라는 것입니다. 가족을 위해 어떻게 하겠다는 맹세의 서원(誓願)을 품되, 실천하고 이바지하는 과정에서 '나는 이렇게 한다', '이렇게 해준다', '이렇게 했다'는 마음을 내지 말라는 것입니다.

왜 부처님께서는 그렇게 하지 말라고 하신 것일까요? '내가 한다·해준다·했다'는 그것이 결국은 아상·인상·중생상·수자상이요, 아상·인상·중생상·수자상이 있으면 보리심을 유지하며 사는 보살이 될 수 없다는 것입니다.

보리심을 유지하고 보살의 삶을 살아감에 있어 가장 큰 장애로 꼽히는 아상·인상·중생상·수자상! 이 4상(四相)을 우리의 일상적인 삶에 맞추어 풀이해 봅시다.

① 아상(我相): 아상은 '나'와 '내 것'을 내세우는 것입니다. 내가 가진 것, 나의 환경을 믿고 남을 업수이 여기는

것이 아상입니다. "나는 어느 학교를 졸업했다. 남편이 어떤 직책에 있고 아내가 어떤 사람이다. 아들딸은 어떻게 되었으며 우리집의 규모나 재산은 얼마다. 친가·외가·친정·시댁의 배경은 어떻다." 이러한 것들을 내세우고 자랑하면서 은근히 남을 업수이 여기는 생활을 하지 않는지를 늘 반성하며 살아야 합니다.

② 인상(人相) : 인상은 자기의 실천을 자랑하면서 남을 경시하는 것입니다. 기도하고 참선하고 경전을 공부하는 불자들 중에는 스스로의 정진을 자랑하면서 잘 정진할 줄 모르는 이를 비웃는 이들이 있습니다. 이렇게 되면 그는 인상에 사로잡힌 사람이 됩니다. 또 다른 사람이 쉽게 행하지 못할 뿐 아니라 남으로부터 능히 존경 받을만한 효행·봉사·희생을 하였을지라도, 그 행위에 대한 보상심리나 우쭐되는 마음이 일어나면 인상에 걸리게 됩니다.

③ 중생상(衆生相) : 잘한 것은 내탓이요 잘못한 것은 남의 탓이라고 하는 것, 이것이 중생상입니다. 집안 일에서도 잘된 것은 내가 했기 때문이요 잘못된 것은 남편이나 아내, 아들딸 때문이라고 한다면 중생상에 사로잡혀 있다는 증거가 됩니다.

④ 수자상(壽者相) : 자기의 이기심에 맞추어 취사 선택하고 행동하는 것입니다. 내가 참여하고 꽃다발 하나라도 보내어 물질적으로든 정신적으로든 얻을 것이 있는 자리에

는 주저함이 없고, 이익됨이 없거나 입장이 곤란할 때는 수십년을 사귄 친구도 '언제 봤냐'는 듯이 발길을 돌린다면, 그는 매우 심각한 수자상에 빠져 있는 사람임에 틀림없습니다.

우리는 일상생활 속에서 매 시간마다 이상과 같은 아상·인상·중생상·수자상에 빠져 살고 있습니다. 사람에 따라 정도의 차이는 있을지언정 이러한 상에 얽히고 설켜 있는 것입니다.

아상·인상·중생상·수자상! 이것에 빠져 살면 중생이요 이것이 없으면 부처님입니다. 그리고 이러한 상을 벗어버리고자 노력하는 존재가 보살입니다. 그래서 부처님께서는 설하신 것입니다.

"아상·인상·중생상·수자상에 사로잡혀 있으면 보살이 아니다."

곧 보살은 보리심으로 사는 존재요, 4상에 사로잡혀 살면 보리심을 유지하며 사는 보살이 될 수 없다고 선언하신 것입니다. 이어 부처님께서는 보살이 마침내 돌아가야 할 '법'을 통하여 보살의 의지처인 위없는 깨달음의 마음, 곧 보리심에 대한 집착마저도 놓아버리게 합니다.

"실로 법에는 아뇩다라삼먁삼보리심을 발하였다고 하는 것이 없느니라."

법! 곧 진리 그 자체로 보면 어떠한 상도 차별도 규정도 없다는 말씀입니다. 이것은 훌륭한 보리심이요 저것은 몹쓸 마음이라는 분별이 없다는 것입니다. 그래서 부처님께서는 보리심을 하나의 상으로 만들어 집착하는 것까지 부정을 하신 것입니다.

2.

須菩提여 於意云何오 如來- 於燃燈佛所에 有法得- 阿耨多羅三藐三菩提不아

不也니이다 世尊하 如我解- 佛所說義컨댄 佛이 於燃燈佛所에 無有法得- 阿耨多羅三藐三菩提니이다

佛言하사대 如是如是니라 須菩提여 實無有法如來得- 阿耨多羅三藐三菩提니라

須菩提여 若有法如來得- 阿耨多羅三藐三菩提者댄 燃燈佛이 卽不與我授記하사대 汝於來世에 當得作佛하대 號를 釋迦牟尼어니와 以實無有法得阿耨多羅三藐三菩提일새 是故로 燃燈佛이 與我授記하사 作是言하사대 汝於來世에 當得作佛하야 號를 釋迦牟尼라하시니 何以故오 如來者는 卽諸法如義니라

若有人이 言如來得- 阿耨多羅三藐三菩提라하면 須菩提여 實無有法佛得阿耨多羅三藐三菩提니 須菩提여 如來所得阿耨多羅三藐三菩提는 於是中에 無實無虛라 是故로 如來說

一切法이 皆是佛法이라하니라

　수보리여, 네 생각은 어떠하냐? 여래가 연등불의 처소에서 아뇩다라삼먁삼보리라고 하는 법을 얻었느냐?
　아니옵니다, 세존이시여. 제가 부처님께서 말씀하시는 뜻을 이해하건데, 부처님께서는 연등불의 처소에서 아뇩다라삼먁삼보리라고 하는 법을 얻은 바가 없나이다.
　부처님께서 말씀하셨다.
　옳다, 옳다. 수보리여, 실로 여래는 아뇩다라삼먁삼보리라고 하는 법을 얻은 바가 없느니라.
　수보리여, 만약 내가 아뇩다라삼먁삼보리라고 하는 법을 얻은 바가 있다고 하였다면 연등불께서는 나에게, '그대는 내세에 마땅히 부처를 이루어 호를 석가모니라 하리라'는 수기를 주시지 않았을 것이다. 실로 아뇩다라삼먁삼보리라고 하는 법을 얻는다고 하는 것이 없었기 때문에 연등불께서는 나에게, '그대는 내세에 마땅히 부처를 이루어 호를 석가모니라 하리라'는 수기를 주신 것이니라. 무슨 까닭인가? 여래는 곧 '모든 법 그대로'라는 뜻이기 때문이니라.
　만약 어떤 이가 말하기를, '여래께서 아뇩다라삼먁삼보리를 얻었다'고 한다면 그는 잘못 말한 것이니라. 수보리여, 실로 부처님은 아뇩다라삼먁삼보리라고 하는 법을 얻은 바가 없느니라. 수보리여, 여래가 얻은 바 아뇩다라삼먁삼보리는 실(實)도 없고 헛됨도 없나니, 이러한 까닭으로 여래는 '일체법이 다 불법(佛法)이다'고 설하느니라.

위없는 깨달음을 이루어 부처가 되게 하는 아뇩다라삼먁삼보리의 법! 이 법은 따로이 있는 것이 아닙니다. 외부에서 오는 것도 아닙니다. 없던 것이 어느 순간에 생겨나는 것도 아니요, 연등불과 같은 이전의 부처님께서 주시는 것도 아닙니다.

이것은 아상·인상·중생상·수자상 등의 상(相)을 비울 때 저절로 모습을 드러냅니다. 그러므로 그 법을 '얻는다[得]'는 말 자체부터가 맞지 않는 것입니다.

연등불 당시, 석가모니불의 전신인 선혜보살께서는 이미 이것을 체득하여 모든 상을 비운 행을 실천하셨기 때문에 내세에 부처가 되리라는 수기를 주셨습니다. 많이 공부하고 많이 알아서가 아니라, 모든 상을 떠나 청정하기 그지없는 마음으로 연등불께 헌신하였기 때문에 수기를 주셨습니다. 그야말로 자성청정심(自性淸淨心)에 입각한 실천의 행을 하였기 때문에 수기를 받을 수 있었던 것입니다.

이제 금강경에서 부처님께서는 놀라운 선언을 합니다.

"여래는 곧 '모든 법 그대로' 라는 뜻이니라."

여래(如來)의 원어는 타타아가타(tathāgata)입니다. 이 '타타아가타'는 여래라는 번역 외에도 여거(如去)·여좌(如

坐)·여와(如臥)등으로 번역됩니다. 여래는 '진리로부터 오신 분', 여거는 '진리의 세계로 돌아가신 분', 여좌는 '진리 속에 앉아 계신 분', 여와는 '진리 속에 누워 계신 분'이라는 뜻입니다. 이 중 여와와 여거는 부처님의 열반과 관련하여 표현한 말이며, 중생의 정감으로 볼 때는 진리의 세계에서 우리를 위해 우리가 있는 곳으로 오셨다는 뜻의 '여래'가 가장 맞기 때문에 이 번역을 주로 쓰고 있습니다.

'여래는 모든 법 그대로이다.'

이 말씀은 피나는 수행을 통하여 마침내 이룩하게 되는 것이 부처의 경지요, 중생을 위해 오고가는 존재가 여래라고 알고 있는 중생에게는 참으로 놀라운 선언이라 하지 않을 수 없습니다. 한번 생각을 모아봅시다. '모든 법'이 무엇입니까?

'모든 법'이라고 하면 좋은 법, 깨달음의 법 뿐만이 아니라 나쁜 법이나 미혹되게 하는 법까지 모두 포함됩니다. 좋은 중생 나쁜 중생, 좋은 일 나쁜 일, 좋은 말 나쁜 말을 가릴 바가 아닙니다. 모든 것 전체를 뜻합니다.

따라서 '여래는 모든 법 그대로이다' 고 하신 이 말씀은 모든 것이 여래요 부처님이라는 뜻이 됩니다. 바꾸어 말하면 모든 것이 부처를 이루는 아뇩다라삼먁삼보리의 법이요, 아뇩다라삼먁삼보리의 법, 무상정등정각의 법, 위없이 바르고 평등하고 올바른 법이 모든 것 속에 그대로 있다는 가르침입니다.

곧 별다른 법을 구하고 얻어 부처가 되는 것이 아니라, 인연 따라 나타나는 모든 것에 대한 상을 비우면 그냥 그대로 진리와 하나가 되고, '모든 법 그 자체'가 되어 여래로 있게 된다는 것을 깨우쳐 주고 계십니다.

'여래는 모든 법 그대로이다.' 이 말씀을 통하여 부처님께서는 그릇된 상에만 집착하지 말라는 것을 넘어서서 최상의 법인 아뇩다라삼먁삼보리에도 집착하지 말 것을 선언하신 것입니다.

부처님께서는 다시 한 번 수보리존자에게 확인의 질문을 합니다.

"만약, 어떤 사람이 말하기를, '여래께서 아뇩다라삼먁삼보리를 얻었다'고 한다면?"

이 우리가 현재 접하고 있는 금강경에는 그 답이 없지만, 범어의 원본에는 '그는 잘못 말한 것이다'라고 분명히 기록되어 있습니다. 이제 부처님께서는 정확한 답을 밝힙니다.

"수보리여, 실로 부처님은 아뇩다라삼먁삼보리라고 하는 법을 얻은 바가 없느니라. 수보리여, 여래가 얻은 바 아뇩다라삼먁삼보리는 실도 없고 헛됨도 없나니〔無實無虛〕, 이러한 까닭으로 여래는 '일체법이 다 불법(佛法)이다'고 설하느니라."

우리가 절에 가면 꼭 뵙는 법당 안의 부처님! 그 부처님이 참부처입니까? 그 부처를 참부처라고 하면 그는 사도(邪道)로 가는 사람입니다. 하지만 그 부처를 부처가 아니라고 고집하면 그는 단견(斷見)에 떨어져 있는 사람입니다.

실로 참된 모습은 지금의 우리들 눈으로는 파악하기가 어렵습니다. 무실무허(無實無虛)한 그 법! 그것을 파악하기는 참으로 어렵습니다. 말로 표현하기란 더욱 어렵습니다. 그래서 나는 다음과 같은 말을 종종 합니다.

"저 산의 소나무는 바람이 불 때 흔들립니다. 그러나 화폭 속에 그려져 있는 소나무에 바람이 불면 어떻습니까? 그림 속의 소나무는 흔들리지 않습니다. 그때 그림 속의 소나무에 불고 있는 바람을 보십시오. 그 바람이 바로 무실무허한 여래요 부처님입니다."

이해가 되지 않는 말이라며 그냥 넘어가지 말고, 부디 그 바람을 잘 점검해 보십시오. 일체법이 그대로 불법이라는 것을 마침내 체득할 수 있게 됩니다.

3.

須菩提여 所言一切法者는 卽非一切法일새 是故名一切法이니 須菩提여 譬如人身長大하니라 須菩提言하사대 世尊하 如來說 - 人身長大 - 卽爲非大身일새 是名大身이니이다

須菩提여 菩薩도 亦如是하야 若作是言하대 我當滅度無量

衆生하리라하면 卽不名菩薩이니 何以故오 須菩提여 實無有法이 名爲菩薩이니 是故로 佛說一切法이 無我無人無衆生無壽者라하노라

須菩提여 若菩薩이 作是言하대 我當莊嚴佛土라하면 是不名菩薩이니 何以故오 如來- 說莊嚴佛土者는 卽非莊嚴일새 是名莊嚴이니라

須菩提여 若菩薩이 通達無我法者는 如來- 說名眞是菩薩이니라

수보리여, 말한 바 일체법은 곧 일체법이 아니니라. 그러므로 그 이름을 일체법이라고 함이니, 수보리여, 비유하자면 어떤 사람의 몸을 장대하다고 하는 것과 같으니라.

수보리가 아뢰었다.

세존이시여, 여래께서 말씀하시는 장대한 몸은 곧 장대한 몸이 아니라 그 이름이 장대한 몸이옵니다.

수보리여, 보살 또한 이와 같아서, 만약 '내가 한량없는 중생을 멸도케 한다'고 하면, 곧 보살이라는 이름을 붙일 수 없느니라. 무슨 까닭인가? 수보리여, 실로 보살이라고 이름 할 수 있는 것은 없나니, 그러므로 부처님은 일체법이 무아상(無我相)이요 무인상(無人相)이요 무중생상(無衆生相)이요 무수자상(無壽者相)이라고 설하느니라.

수보리여, 만약 보살이 '내가 마땅히 불국토를 장엄한다'

고 하면 그는 보살이라고 이름할 수 없느니라. 왜냐하면 여래가 설하는 '불국토의 장엄'은 곧 장엄이 아니라 그 이름이 장엄이기 때문이니라.

수보리여, 만약 보살이 무아법(無我法)을 통달하였으면 여래는 그를 '참다운 보살'이라고 이름하느니라.

앞에서 부처님께서는 '일체법이 모두 다 불법'이라고 하였다가 여기에서는 '일체법이 일체법이 아니라 그 이름이 일체법'이라 설하시어 다시 일체법에 대한 그릇된 집착을 놓게 합니다.

'일체법이 모두 다 불법'이라는 것은 대자재를 이룬 부처님의 경지에 해당하는 것이요, 아집에 사로잡혀 있는 중생의 행위 하나하나에 그대로 통용될 수 있는 이야기가 아닙니다. 그런데도 상에 얽매이고 아집에 사로잡혀 있는 중생이 이 말씀을 악용하여 '내가 하는 모든 것은 모두가 불법'이라고 해보십시오. 그래서 부처님께서는 우리가 빠지기 쉬운 그릇된 함정을 부처님 특유의 '즉비(卽非) 시명(是名)'의 논리로 없애고자 한 것입니다.

"일체법이 일체법이 아니라 그 이름이 일체법이다."

그리고 이 가르침을 어렵게 여기는 이들을 위해 사람의 몸을 예로 들어 설명하셨습니다. 곧 아무리 큰 사람의 몸이 눈앞에 있을지라도 그 몸은 지(地) · 수(水) · 화(火) · 풍(風)의

4대로 구성이 된 것이요, 이 세상과의 인연이 다하면 흩어지게 되어 있습니다. 아무리 장대한 몸일지라도 장대함은 지속되지 못하고 텅비게 됩니다. 결국 장대한 몸이라는 이름만 남을 뿐 참된 실체는 잡을 수가 없는 것입니다.

이제 부처님께서는 제 17「구경무아분」의 앞부분에서 설하셨던 '보살관(菩薩觀)'을 용어만 조금 바꾸어 다시 한 번 강조합니다. 이해를 돕기 위해 약간 말을 바꾸어 풀이하겠습니다.

"만약 보살이, '나는 한량없는 중생을 제도하고 있다'고 한다면, 그에게는 보살이라는 칭호를 붙일 수가 없다. 하물며 진리의 자리인 금강반야의 입장에서보면 보살이라고 이름할 수 있는 것은 아무것도 없다. 일체법이 그대로 무아상이요 무인상이요 무중생상이요 무수자상이기 때문이다.

더욱이 금강반야를 목표로 삼는 보살이 '내가 불국토를 장엄하고 있다'고 한다면 어찌 되겠느냐? 상에 사로잡혀 있는 그를 어떻게 보살이라고 칭할 수 있겠느냐? 실로 여래의 불국토 장엄까지도 참된 장엄이 아니라 이름만 장엄일 뿐이다. 장엄은 결코 따로 하는 것이 아니다. 상을 놓아 금강반야가 회복되면 저절로 이루어져 있는 것일 뿐!"

끝으로 부처님께서는 가장 핵심이 되는 한 말씀을 던집니다.

"무아법(無我法)을 통달하면 여래는 그를 참다운 보살이라고 하느니라."

　참다운 보살, 진보살(眞菩薩)이 되고자 할진데는 무아법을 통달해야 합니다. 그렇다면 무아(無我)는 무엇입니까?
　무아는 '나가 없다'는 말이 아닙니다. 아상·인상·중생상·수자상으로 얽혀 있는 자아(自我)가 없다는 것입니다. 우리가 흔히 말하는 자존심·이기심·분별심·차별심 등을 넘어서면 무아의 진보살이 됩니다.
　나와 너라는 분별심, 내가 너보다 어떻다는 차별심, 나아가 중생을 제도하고 불국토를 장엄한다는 그 고상한 자아의식까지 철저하게 비워나가는 자는 무아법을 통달하여 대보살이 되는 것입니다.
　금강경에서 설하고 있는 참된 보살의 길! 그것이 무엇인지는 능히 이해가 되셨을 것으로 보고, 내가 즐겨 예로 드는 한 편의 이야기를 함께 음미하면서 제17분의 글을 마무리할까 합니다.

※

　당나라 때의 대선사인 백장(百丈 : 720~814)스님의 재가제자로 사마두타(司馬頭陀)라는 거사가 있었습니다. 그는 관상의 달인이요 특히 풍수지리학에 능통하였으며, 안거철이 되면 꼭 백장산에 와서 참선정진하였습니다. 그런데 그가 소식도 없이 사라졌다가 2년만에 다시 백장산에 모습을 드러내자 백장스님이 반가이 맞이하며 물었습니다.

"오래간만에 왔구나. 그동안 별일이 없었느냐?'

"예, 그동안 세상을 유람하였습니다."

"많은 것을 보고 배웠겠구나."

"예, 그런데 스님! 이번 순례길에서 세상에 크게 알려지지 않은 대명산을 하나 발견하였습니다. 호남의 수주에 있는 대위산(大潙山)이 그곳이온데, 웅장하고 경치가 빼어날 뿐아니라 그 산에 맞는 주인이 들어가면 천오백명의 대중을 수용하고 대대로 진리의 횃불을 밝힐 좋은 터입니다."

"그렇게 좋은 명산이라면 내가 가 있을까?"

"스님은 바위가 우뚝우뚝 솟은 골산(骨山)과 인연이 있는 분이신지라, 흙이 많은 육산(肉山)인 대위산에 계시는 것이 좋지 않습니다. 골산인 이곳 백장산에서는 스님께서 7백명 대중을 거느리고 계시지만, 그곳에 가면 3백명 대중도 유지하지 못합니다."

"그렇다면 어떻게 하는 것이 좋겠는가?"

"스님의 제자들 중에 일문(一門)을 이룰만한 자격을 구비한 이들이 있지 않겠습니까? 그들을 한 사람씩 불러 보십시오. 제가 그 산의 주인이 될 사람인지를 판단해 보겠습니다."

백장스님은 선원의 제일좌(第一座)로 있는 선각(善覺) 선사부터 불렀고, 사마거사는 그를 꿰뚫어보더니 고개를 가로저었습니다. 다음으로 원주(院主)의 소임을 맡고 있는 영우

(靈祐) 선사를 불렀습니다. 영우선사가 걸어 들어오는 것을 보고 사마거사는 무릎을 치며 감탄을 했습니다.

"호오, 이 사람이면 능히 대위산의 주인이 되고도 남음이 있습니다."

그날 밤, 백장스님은 영우선사를 다시 불러 '대위산을 개산(開山)하여 법광(法光)을 빛낼 것'을 간곡히 부촉하였습니다. 그런데 그 소문이 퍼져나가자 제일좌인 선각선사가 크게 반발을 하였고, 반발에 부딪힌 백장스님은 선언했습니다.

"이 일은 조그마한 일이 아니다. 전체 대중 앞에서 결론을 내리리라."

백장산의 7백명 대중을 불러 모은 백장스님은 손을 씻는 물을 담아두는 나무로 만든 항아리를 가져와서 두 사람 앞에 놓고 물었습니다.

"이것을 물항아리라고 부르면 집착하는 것이 되어 참도를 어기고, 물항아리가 아니라고 하면 현상을 등진 것이 되리라. 자, 무엇이라고 할 것이냐? 일러 보아라."

"물항아리를 나막신이라 할 수는 없습니다."

선각선사가 서슴없이 한 마디를 던졌습니다. 질문을 교묘하게 피해간 것입니다. 그러나 영우선사는 달랐습니다. 백장스님과 선배 후배 7백명의 대중이 정좌를 하고 앉아 있는 그곳에서 벌떡 일어나, 물항아리를 발로 차서 문밖으로 굴려버리고는 뒤도 돌아보지 않고 나가버렸습니다. 그러자 백장스님이 유쾌하게 웃으며 결론을 내렸습니다.

"제일좌가 촌놈인 영우에게 뺨을 맞았도다."

그리하여 영우선사는 백장산을 하직하고 대위산으로 들어가 대선원을 세우고 후학들을 배출하여, 후일 선종오가(禪宗五家)의 하나가 된 위앙종(潙仰宗)의 기초를 닦았습니다.

여기서 잠깐 물항아리를 놓고 문답한 것에 대해 살펴 봅시다.

백장스님이 '참 도도 어기지 않고 현상도 등지지 않고 답하라' 고 하였을 때 선각선사는 '물항아리를 나막신이라 할 수는 없다' 고 답하여 가시덤불에 걸리지 않고 살짝 빠져나가기는 하였습니다. 그러나 영우선사처럼 가시덤불의 밑뿌리를 파헤치지는 못했습니다.

금강경을 배우는 우리도 이 영우선사처럼 가시덤불의 밑뿌리부터 파헤쳐야 합니다. 밑뿌리를 파헤쳐야 '옳다 · 그르다', '걸린다 · 안 걸린다'고 하는 등의 모든 시시비비가 떨어질 수 있습니다. 실로 물항아리를 갖다놓고 시험의 고리를 걸었기 때문에 시시비비가 벌어진 것일뿐, 물항아리가 없었다면 시시비비가 있을 수 조차 없는 것입니다.

우리의 삶 또한 마찬가지입니다. 우리가 '자아(自我)'라고 하는 것은 물항아리요, 자아의 그림자는 시험의 고리와 같은 것입니다. 우리가 애지중지하고 있는 이 조그마한 자아를 주촛돌로 삼고 있기 때문에 곳곳에서 얽히고 설키는 것이지, 자아에 기초를 둔 어떤 생각이 일어나지 않을 때는 아무것도 걸림이 없는 대자유의 공간에 있게 되는 것입니다.

우리 불자들은 이 대자유의 공간에 서 있어야 합니다. 부처와 중생, 죽음과 삶, 옳고 그릇됨, 깨달음과 미혹 등의 상대적인 고리가 없는 것을 주춧돌로 삼아야 합니다. 그럼 이를 주춧돌로 삼기 위해서는 어떻게 해야 합니까?

내가 '나'라고 고집하고 있는 그 조그마한 '나'가 본래 없다는 것을 깨달아야 합니다. 이것이 무아입니다. 이 무아를 진실로 체득하면 '아상·인상·중생상·수자상'은 저절로 비워지고, 우리는 참된 보살이 되어 그 무엇에도 걸림없이 살수 있게 됩니다.

부디 명심하십시오. 불자의 주춧돌은 무아(無我)입니다. 무아임을 깨닫게 하는 것이 금강경입니다. 더 이상 헛된 자아를 고집하지 말고 행복과 영광이 충만되어 있는 법계를 자유로이 노니는 위대한 분이 되시기를 축원드립니다.

一體同觀分 第十八
일 체 동 관 분 제 십 팔

須菩提여 於意云何오 如來有肉眼不아
如是 世尊하 如來有肉眼이니이다
須菩提여 於意云何오 如來有天眼不아
如是 世尊하 如來有天眼이니이다
須菩提여 於意云何오 如來有慧眼不아
如是 世尊하 如來有慧眼이니이다
須菩提여 於意云何오 如來有法眼不아
如是 世尊하 如來有法眼이니이다
須菩提여 於意云何오 如來有佛眼不아
如是 世尊하 如來有佛眼이니이다
須菩提여 於意云何오 如恒河中所有沙를 佛說 是沙不아 如是 世尊하 如來說是沙니이다
須菩提여 於意云何오 如一恒河中所有沙하야 有如是沙等恒河어든 是諸恒河所有沙數佛世界가 如是寧爲多不아 甚多니이다 世尊하
佛告須菩提하사대 爾所國土中 所有衆生하야 若干種心을 如來悉知하노니 何以故오 如來說諸心이 皆爲非心일새 是名

爲心이니 所以者何오

　須菩提여 過去心 不可得이며 現在心 不可得이며 未來心 不可得이니라

　수보리여, 네 생각은 어떠하냐? 여래에게 육안(肉眼)이 있느냐?
　그러하옵니다, 세존이시여. 여래는 육안이 있사옵니다.
　수보리여, 네 생각은 어떠하냐? 여래에게 천안(天眼)이 있느냐?
　그러하옵니다, 세존이시여. 여래는 천안이 있사옵니다.
　수보리여, 네 생각은 어떠하냐? 여래에게 혜안(慧眼)이 있느냐?
　그러하옵니다, 세존이시여. 여래는 혜안이 있사옵니다.
　수보리여, 네 생각은 어떠하냐? 여래에게 법안(法眼)이 있느냐?
　그러하옵니다, 세존이시여. 여래는 법안이 있사옵니다.
　수보리여, 네 생각은 어떠하냐? 여래에게 불안(佛眼)이 있느냐?
　그러하옵니다, 세존이시여. 여래는 불안이 있사옵니다.
　수보리여, 네 생각은 어떠하냐? 여래가 저 항하(恒河) 가운데 있는 모래를 모래라고 설한 적이 있느냐?
　그러하옵니다, 세존이시여. 여래는 모래라고 하신 적이

있사옵니다.

수보리여, 네 생각은 어떠하냐? 저 항하의 모래알 수만큼 많은 항하가 있고, 또 그 많은 항하에 있는 모래알 수만큼이나 많은 부처님의 세계가 있다고 한다면 그 세계가 얼마나 많다고 하겠느냐?

매우 많겠나이다, 세존이시여.

부처님께서 수보리에게 말씀하셨다.

그토록 많은 국토에서 살고 있는 모든 중생들의 갖가지 마음을 여래는 다 알고 있느니라. 왜냐하면 여래가 말한 모든 마음은 다 마음이 아니요, 그 이름이 마음이기 때문이니라. 무슨 까닭인가?

수보리여, 과거심도 얻을 수 없고, 현재심도 얻을 수 없으며, 미래심도 또한 얻을 수 없기 때문이니라.

제17「구경무아분(究竟無我分)」에서는 불자가 처음 발심을 하여 위없는 깨달음인 아뇩다라삼먁삼보리를 이룰 그때까지 '무아(無我)'로써 주춧돌을 삼아야 함을 깨우쳐 주셨습니다. 그리고 여기 제18「일체동관분(一體同觀分)」에서는 법계(法界), 곧 대우주의 뿌리를 관(觀)함으로써 일체 중생의 모든 마음을 다 알 수 있음에 대해 설하고 계십니다.

먼저 부처님께서는 수보리 존자에게 육안(肉眼)·천안(天眼)·혜안(慧眼)·법안(法眼)·불안(佛眼), 이 다섯 가지 눈

〔五眼〕에 대해 질문을 하셨습니다. 이 오안(五眼)은 과연 어떠한 눈인가?

첫 번째의 육안(肉眼)은 미한 마음을 없애기 시작할 때 나타나는 눈입니다. 욕망과 온갖 감정으로 둘러싸인 중생이 마음속 깊이 '내가 여태껏 살아온 방법이 잘못 됐었다', '이렇게 사는 것이 잘못이었다'라는 반성이 일어나면서, 기도하는 마음·화두하는 마음·염불하는 마음이 정립되면 육안이 열리는 것입니다. 또 그 미한 마음을 떨쳐버리고 '아, 육체와 더불어 나의 진리의 몸, 법신이 있구나' 하는 것을 아는 차원을 '육안'이라고 합니다.

두 번째의 천안(天眼)이 무엇이냐? '일체 중생에게 다 불성(佛性)이 있건만, 중생들은 그 불성을 잊어버리고 고통과 번뇌 속에서 허우적거리고 있다'는 것을 알아차릴 때의 그 마음을 '천안'이라고 합니다. 곧 일체 중생이 '나'와 한 뿌리라는 것을 깨달을 때 천안이 열리는 것입니다.

세 번째의 혜안(慧眼)은 내 마음 속에서 다시는 어리석은 생각이 일어나지 않는 상태에 이르렀을 때 열리는 눈입니다. 이 눈이 열리면 '반야바라밀이 삼세(三世)의 모든 법을 출생시킨다'는 것을 알 수 있게 됩니다.

네 번째의 법안(法眼)은 무엇인가? 법에 집착하는 마음이 없는 것을 법안이라고 합니다. 곧, 이것은 좋은 것·이것은 나쁜 것, 남자·여자, 이것은 불교의 법이니까 바른 법·이것은 불교의 법이 아니니까 나쁜 법이라며 분별하고 집착하는 마음, 그일 그일에 집착하는 마음이 없어진 상태를 말합니다. 또 대우주 법계에 모든 것이 본래 다 갖추어져 있다는 것을 정확하게 아는 차원을 '법안'이라고 합니다.

마지막 불안(佛眼)은 마음 속의 번뇌망상, 아주 세밀한 번뇌망상까지 완전히 끊어져서, '나'의 마음이 그대로 법계가 되는 차원입니다. 이 모든 법계를 내 마음이 감싸고, 내 마음과 법계가 한 덩어리가 되는 이 차원을 견성을 했다거나 부처가 되었다고 하며, 그때 불안이 열리게 되는 것입니다.

이상은 육안·천안·혜안·법안·불안의 오안(五眼)에 대해 이론적으로 분석하고 설명한 것입니다. 그러나 육조 혜능(六祖 慧能) 스님께서는, '모든 중생에게 오안(五眼)이 다 갖추어져 있지만, 미혹에 덮여 있기 때문에 능히 보지 못할 뿐, 미한 마음만 제거하면 곧 오안(五眼)이 뚜렷이 밝아져서 생각생각 반야바라밀을 행할 수 있게 된다'고 하셨습니다.

곧, 오안(五眼)은 석가모니 부처님께만 있는 것이 아니라 우리 모두에게 다 갖추어져 있다는 것입니다. 그런데 우리는 세세생생 얽혀 있는 인과 관계와 잘못된 착각 때문에 이 눈을 뜨고자 하지 않습니다.

이제 과감히 잠에서 깨어나 눈을 뜨고자 해보십시오. 우리가 마음의 눈을 한번 뜰 때에 이 오안(五眼)도 한꺼번에 떠지는 것입니다.

이제 부처님께서는 다시 항하의 비유를 설하십니다.

"수보리여, 내가 저 항하 가운데 있는 모래를 모래라고 설한 적이 있느냐?"

이 질문에 대해 수보리 존자는 긍정의 답을 하였고, 부처님께서는 다시 질문하셨습니다.

"많은 항하에 있는 모래알 수만큼이나 많은 부처님의 세계가 있다고 한다면 그 세계가 얼마나 많겠느냐?"

수보리 존자는 당연히 '매우 많겠나이다' 라고 대답하였습니다. 그러자 부처님께서는 본론을 밝혔습니다.

"그토록 많은 국토에서 살고 있는 모든 중생들의 갖가지 마음을 여래는 다 알고 있느니라. 왜냐하면 여래가 말한 모든 마음은 다 마음이 아니요, 그 이름이 마음이기 때문이니라."

부처님께서는 '모든 중생의 갖가지 마음을 다 안다'고 하신 다음, '그 모든 마음은 다 마음이 아니다'고 하셨습니다. 왜 이렇게 말씀하셨습니까? 부처님께서 말씀하신 갖가지 마음이라는 것은 망심(妄心), 곧 중생들이 착각으로 일으키는 마음을 말합니다. 이 망심(妄心)은 참마음이 아닙니다.

참마음은 불심(佛心)이며 금강반야바라밀심입니다. 참마음은 모든 중생에게 공통으로 구비되어 있고, 법계의 뿌리와 닿아 있습니다. 그러므로 법계의 뿌리를 알면 그 법계 속에 생존하는 중생들의 '온갖 마음을 다 안다'는 것이 능히 이루어집니다.

비유를 하자면, 참마음의 바다에서 출렁이는 온갖 망심의 잔물결들이 왜, 어떻게, 어디서 일어나는지 안다는 것입니다. 그러므로 우리가 이 마음의 눈을 뜰 때 짐승들, 벌레들, 대우주에 존재하는 수천 가지 종류의 생물들의 마음을 전부 다 알 수 있게 됩니다. 원리를 알게 되기 때문에, 파생되는 모든 것들을 다 알게 되는 것입니다.

그런데 '도를 깨치면 모든 것을 다 알게 된다'고 착각하는 분들이 있습니다. 약 30년 전만 하여도 '하늘 천(天)' 자도 모르는 사람이 도만 깨치면 천자문(千字文)은 물론이요 이 세상의 글을 다 알고, 하나 더하기 하나도 모르는 사람이 도만 깨치면 수학·과학 할 것 없이 전부 다 알게 된다고 확신하는 이들이 있었습니다. 지금도 우리 불자들 중에는 이러한 착각에 빠져 있는 분들이 있을 것입니다.

우리는 이와 같은 착각으로부터 빨리 벗어나야 합니다. 원리만 알아진다는 것일 뿐, 모든 것이 끝까지 다 알아진다는 이야기는 아닙니다. 이에 대한 한 가지 재미있는 이야기가 있습니다.

※

나의 법사스님이신 고봉(高峰 : 1901~1967) 스님은 열일곱 살에 출가하실 그때 이미 한학(漢學) 실력이 굉장하셨으며, 절에 와서는 부지런히 선방으로 다니며 정진하셨습니다.

당시에는 만공스님·용성스님·혜월스님 등 훌륭한 도인들이 많이 계셨는데, 그 중 혜월스님은 문자를 모르는 어른이셨습니다. 한글도 띄엄띄엄 읽는 것이 요즈음의 초등학교 1학년 수준이셨고, 한문은 전혀 모르셨습니다.

어느 날 고봉스님은 《선문염송》이라고 하는 아주 어려운 책을 가지고 짚신을 삼으며 앉아계시는 혜월스님께 가서 말했습니다.

"스님, 이 책의 내용에 대해 가르침을 내려 주십시오."

혜월스님은 계속 짚신을 삼으시며 답했습니다.

"그래, 읽어봐라. 나는 글을 모르니까."

고봉스님은 어려운 한문을 우리말로 풀이하여 읽어드렸습니다. 그러나 고봉스님은 혜월스님을 시험하러 갔으므로, 글의 뜻을 뻔히 알면서도 일부러 한부분을 엉뚱하게 풀이했습니다. 그러자 묵묵히 듣고만 계시던 혜월스님께서 제동을 걸었습니다.

"어? 가만 있어봐라. 그 부분을 다시 읽어보아라."

하지만 고봉스님은 앞에서 고의적으로 잘못 읽었으므로 역시 틀리게 글자 풀이를 하였습니다. 이에 혜월스님이 말했습니다.

"그거는 네가 잘못 풀이한 거다."

그리고는 위의 말이 이렇게 이렇게 내려왔으니 그 말은 이렇게 풀어야 할 것이고, 뒤에 올 말은 어떻게 어떻게 나올 것이라며 정확하게 짚어내시는 것이었습니다. 이 이야기를 들려주시며 고봉스님은 '혜월노스님의 밝은 눈에 경탄했다' 고 하셨습니다.

이 혜월노스님처럼, 도를 깨치면 몰랐던 하늘 천(天)자, 땅 지(地)자의 한 글자 한 글자를 알게 되는 게 아니라, 대우주의 원리를 파악하게 됩니다. 그러므로 대우주의 원리를 주춧돌로 하여 파생된 문학·수학·과학 등의 모든 학문에 대해 부분적인 이론 하나하나는 모르더라도, 그 원점을 깨달았기 때문에 잘된 것, 못된 것들을 모두 다 지적할 수 있는 것입니다.

이와 같이, 부처님께서 한량없는 강의 모래 수와 같은 국토 속에 있는 중생의 마음을 다 아신다는 것이 결코 거짓말이 아니라는 말씀입니다. 원점을 알기 때문에 원점을 주춧돌로 하여 파생된 세계의 일을 다 아시는 것입니다.

다시 말해 부처님께서는 그 많은 중생이 그때그때 일으키는 욕심이나 분별심 등 갖가지 번뇌망상 하나하나는 딱딱 집어내지는 못하셔도, 그 마음이 일어나는 주춧돌은 언제나 모두 관(觀)하고 계시는 것입니다.

하지만 중생들의 마음은 참마음이 아닙니다. 바람따라 일어나고 환경따라 요동치는 망심에 불과합니다. 그 마음을 나의 참마음이라 할 수 있습니까? 그리고 그 참마음을 감지할 수 있습니까? 우리가 '마음·마음' 하는 그 마음은 그냥 이름뿐인 마음입니다. 이제 금강경에서는 이 마음에 대해 매우 중요한 법구(法句)를 던져 줍니다.

"무슨 까닭인가? 수보리여, 과거심도 얻을 수 없고, 현재심도 얻을 수 없으며, 미래심도 또한 얻을 수 없기 때문이니라."

실로 그렇습니다. 어떻게 마음을 '이것은 과거의 마음, 이것은 현재의 마음, 이것은 미래의 마음이라고 토막을 내어 규정을 내릴 수 있겠습니까? 여기에 얽힌 유명한 이야기가 있습니다.

❀

중국 당나라의 덕산선감(德山宣鑑) 선사는 본래 금강경의 대강사였습니다. 얼마나 금강경에 달통하고 얼마나 금강경을 믿고 지니셨던지, 사람들이 속성(俗姓)인 '주(周)'씨를 앞에 붙여 '주금강(周金剛)'이라고 불렀습니다. 또, 덕산스님은 《금강경청룡소초》라고 하는 주석서를 저술할 만큼 금강경에 일가견을 갖추고 있었습니다.

어느 날 스님은 길을 가다가 소나기를 만나자, 손가락으로 하늘에 금강경의 한 구절을 쓰고는 그 아래에 섰습니다. 그러자 그 부분만은 비가 내리지 않아 비를 한방울도 맞지 않았다고 합니다. 덕산스님은 그야말로 금강경에 도통하신 분으로, '금강경이야말로 부처님 가르침의 골수'라는 확신을 갖고 계셨던 분이었습니다.

그 무렵, 중국 선종(禪宗) 쪽에서는 문자에 의지하지 않고 자기의 성품을 보아 부처를 이루는 '불립문자(不立文字) 견성성불(見性成佛)'을 불법(佛法)의 핵심이라며 경학(經學)을 무시하는 경향이 있었습니다. 이에 대해 덕산스님은 격분을 했습니다.

"부처님의 제자라면 부처님의 말씀을 의지하여야 바른 공부를 할 수 있고, 번뇌망상에서 벗어날 수 있고, 생사해탈을 할 수 있다. 그런데 부처님의 말씀인 경전을 배척하고 바로 견성성불(見性成佛)을 한다고 주장하다니…." "틀림없이 그들은 마구니의 일종이리라. 내가 가서 그 마구니들을 항복받으리라."

중국 대륙의 북쪽에 있던 덕산스님은 마침내 금강경을 짊어지고 선(禪)이 주류를 형성하고 있던 남쪽으로 길을 떠나셨습니다. 그리고 여러 달의 여행 끝에 스님이 풍주라는 지방에 도착했을 때였습니다.

그날따라 스님은 점심공양을 준비하지 않은 채 출발하였고, 점심때가 되자 유난히 배고픔을 느꼈습니다. 때마침 길가에서 떡을 팔고 있는 노파를 발견한 스님은 노파에게 다가가 '떡을 좀 팔라'고 했습니다. 그런데 노파가 뜬금없이 묻는 것이었습니다.

"떡을 사서 뭐하시려오?"

"점심공양을 하려고 하오."

"그런데 스님, 등에 짊어진 게 뭡니까?"

"이것들은 내가 평생 동안 연구한 금강경과 그 주석서들이라오."

"스님, 그러면 저와 내기 한번 하실래요? 스님이 지고 가시는 그 금강경 속에 있는 구절에 대해 질문을 할테니, 스님께서는 답을 하십시오. 스님이 대답을 잘해 주시면 떡을 그냥 드릴 것이고, 대답을 못 하시면 저희 집에서뿐만 아니라 이 마을에서는 떡을 한 개도 잡수실 수 없습니다."

"좋소이다. 무엇이든 물어보구려."

스님이 흔쾌히 수락하자 노파는 질문을 던졌습니다.

"스님, 금강경 가운데 '과거심도 불가득이요 현재심도 불가득이며 미래심도 불가득이라'고 하는 구절이 나옵니다. 방금 전에 스님께서는 점심(點心)이라고 하셨는데, 그럼 어느 마음에다 점을 찍으시렵니까?"

순간 주금강(周金剛)이라고 불리우던 덕산스님이 말문이 꽉 막혀 대답을 못 하고 쩔쩔매었습니다. 그러자 노파가 말했습니다.

"스님, 이 앞길로 곧장 올라가면 용담원(龍潭院)이라는 선원이 있는데, 그곳에 숭신(崇信) 선사라는 거룩한 선지식이 계십니다. 그 스님을 한번 찾아가 보시지요."

덕산스님은 노파와 작별하고 곧장 숭신스님을 찾아가 말했습니다.

"용담(龍潭)의 소문은 오래 전부터 들었는데, 와서 보니 용도 안 보이고 못도 안 보이는구나〔龍又不見 潭又不見〕."

"하하하, 참으로 그대가 용담에 왔네."

이윽고 저녁이 되어, 두 스님은 함께 공양을 들고 한담을 나누다 보니 시간이 많이 흘렀습니다. 객실로 가기 위해 덕산스님은 자리에서 일어났는데, 날이 어두워져 신발을 찾을 수가 없었습니다. 덕산스님이 숭신스님께 촛불을 얻어 막 신발을 찾으려고 할 때, 숭신스님은 촛불을 확 불어 꺼버렸습니다. 사방은 다시 칠흑같이 어두워졌고, 그 순간 덕산스님은 대오(大悟)하셨습니다.

과거는 이미 흘러갔고 현재는 끊임없이 변화하며 미래는 아직 오지 않았으니 무엇을 어떻게 잡을 수 있겠습니까? 그리고 과연 어느 마음을 잡아 '내 마음'이라고 할 것입니까?

머물게 할 수도 잡을 수도 없는 과거심·현재심·미래심! 그런데 무엇에 집착하며 살 것입니까? 과거에 매달리지도 않고, 미래에 빠지지도 않으면서 이 순간의 성실한 삶을 살아가면, 법계의 행복과 영광은 저절로 '나'에게 찾아들기 마련입니다.

또한 우리는 어른·아이를 구분하면서도 어른과 아이의 마음이 무엇인지를 규정하지 못하고, 남자요 여자임을 강력히 주장하지만 남자의 마음이 어떠한 것인지 여자의 마음이 어떠한 것인지를 정확히 규정하지 못합니다.

이것이 모순이지 않습니까? 정확히 그 마음에 대해 규정을 내리지 못하면서 남녀노소의 자기 자리를 내세우는 것이….

심지어는 함께 생활하는 남편·아내·아들·딸의 마음조차 알지 못하면서 '내 남편이다', '내 아내다', '내 아들이다', '내 딸이다'고 하는 집착만을 내세웁니다. 정녕 우리가 '내 아들'임을 내세우고 '내 아들'임을 자랑하려면 아들의 마음을 알아야 할 것이 아닙니까?

좋습니다. 남의 마음은 다 그만두고라도 우리가 '내 마음, 내 마음'이라고 하는 그 '나'의 마음은 어떻게 규정을 내리렵니까? 결국 우리는 법계의 뿌리를 모른 채, 나름대로 분별하고 집착하는 그 마음을 '내 마음'·'남의 마음'이라며 고집하고 있습니다.

이 때문에 부처님께서는 이「일체동관분」을 통하여 상에 집착하고 분별하는 그 마음을 비워버리고, 일체가 한 뿌리를 이루는 바로 그 진짜 마음을 볼 것을 피력하셨습니다.

그리고 중생들이 터전으로 삼고 있는 시간과 공간 가운데 시간에 대한 집착을 벗어나게 하기 위해, "과거심도 얻을 수 없고 현재심도 얻을 수 없고 미래심도 얻을 수 없다"고 하신 것입니다. 과연 얻을 수 없는〔不可得〕그 마음에 얽매인다 한들 얻을 수 있는 것이 무엇입니까?

이제 우리는 과거·현재·미래의 시간에 얽매여 살지 말아야 합니다. 얽매이지 않으면 오안(五眼)이 차츰 열리게 되고, 오안이 열림에 따라 온 법계가 그대로 한 몸이요 나와 남이 한 뿌리임을 체득할 수 있게 됩니다.

과거심 불가득, 현재심 불가득, 미래심 불가득! 이 가르침을 거듭거듭 잘 새겨보시기 바랍니다.

法界通化分 第十九
법 계 통 화 분 제 십 구

　須菩提여 於意云何오 若有人이 滿三千大千世界七寶로 以用布施하면 是人이 以是因緣으로 得福多不아
　如是世尊하 此人이 以是因緣으로 得福甚多니이다
　須菩提여 若福德이 有實인댄 如來不說得福德多어니와 以福德이 無故로 如來說得福德多니라

　수보리여, 네 생각은 어떠하냐? 어떤 사람이 칠보로써 삼천대천세계에 가득 찰 만큼의 보시를 하였다면, 이 사람은 그 인연으로 얻을 복이 많겠느냐?
　그러하옵니다, 세존이시여. 이 사람은 그 인연으로 얻을 복이 매우 많겠나이다.
　수보리여, 만약 복덕이 실체가 있는 것이라면 여래는 얻을 복덕이 많다고 말하지 않았을 것이나, 복덕이 본래 없는 까닭에 여래는 복덕이 많다고 설하느니라.

　제19「법계통화분(法界通化分)」에서는 대우주 법계와 하나로 동화되는 원리를 설하고 있습니다.

중생들은 복을 좋아합니다. 참으로 복받기를 좋아합니다. 스스로 복을 받기를 좋아해서인지, 복을 받는 원인이 되는 덕을 베푸는 일을 하고 싶어 합니다.

그런데 묘하게도 덕을 베풀고 보시를 할 때 그 양(量)을 따지는 경우가 대부분입니다. '내가 누구에게 어떤 것을 얼마만큼 보시했다'는 것을 따지는 것입니다.

그러나 이렇게 보시를 하면, 앞에서 여러 차례 이야기 하였듯이 봄바람 같은 무위법이 되지 못하므로 온 법계로 확산되지 않습니다. 결국 자기 복을 자기가 받는 수준을 벗어버리지 못하는 것입니다.

보시를 할 때 수량에 얽매이게 되면 대우주 법계의 깨달음에 접근할 수가 없습니다. 무위의 법에는 수량이 없으므로 수량을 넘어선 진심과 정성으로 임해야 합니다.

수량! 불교의 수량은 엄청납니다. 오늘날 지구상에서 쓰고 있는 화폐의 단위는 기껏해야 '조(兆)'요, 사용되지 않는 단위로 조의 일만 배가 되는 '경(京)'이 있을 정도입니다.

그런데 화엄경 등의 불경을 보면 아유타 · 아승지 · 무량수 · 무변수 · 무등수 · 불가수 등의 상상을 초월한 수로 퍼지다가 마침내는 불가설불가설(不可說不可說)의 수까지를 들고 있습니다.

왜 불교에서는 이토록 엄청난 수를 이야기하여 우리의 상상을 넘어서게 하고 있는 것일까? 그 까닭은 바로 마음 속으로 상상하고 규정하는 것을 애초부터 막기 위함입니다.

　무시무시한 숫자에 규정이 내려지면 끝없는 우리의 마음이 거기에서 정지되어 버리고, 마음이 정지되면 대우주의 한쪽 귀퉁이에 점을 찍듯, 물방울 하나보다 더 작은 규격으로 변해버리기 때문입니다. 곧 우리의 마음이나 대우주의 살림살이를 어떤 숫자를 가지고 어떤 규정을 내려버리면, 벌써 티끌만 한 존재에 불과한 것이 되어버립니다.

　따라서 삼천대천세계에 가득 차도록 일곱 가지 보배를 써서 보시를 하는 복을 닦았다고 하면 벌써 규정이 내려지는 것이요, 규정이 내려지면 무한의 대우주에 충만되어 있는 복과 하나가 될 수 없습니다.

　정녕 상을 내세우고 수량에 집착하면 받을 수 있는 복의 폭은 점점 좁아집니다. 무한의 진리 속에 있는 복덕에 비유하면 물 한방울 정도에 불과한 것입니다.

　부디 '대우주와 내가 한 뿌리'임을 자각하여 베품에 대한 집착을 버리십시오. 그렇게 되면 대우주의 복덕이 그대로 나의 것이 됩니다.

離色離相分 第二十
이 색 이 상 분 제 이 십

須菩提여 於意云何오 佛을 可以具足色身으로 見不아
不也니이다 世尊하 如來를 不應以具足色身으로 見이니 何以故오 如來說具足色身이 卽非具足色身일새 是名具足色身이니이다
須菩提여 於意云何오 如來를 可以具足諸相으로 見不아
不也니이다 世尊하 如來를 不應以具足諸相으로 見이니 何以故오 如來說諸相具足이 卽非具足일새 是名諸相具足이니이다

수보리여, 네 생각은 어떠하냐? 여래를 가히 구족색신(具足色身)을 통하여 볼 수 있느냐?
아니옵니다, 세존이시여. 구족색신으로는 여래를 마땅히 볼 수 없사옵니다. 왜냐하면 여래께서 설하신 구족색신은 곧 구족색신이 아니라 그 이름이 구족색신이기 때문입니다.
수보리여, 네 생각은 어떠하냐? 여래를 가히 여러 가지 거룩한 상호〔具足諸相〕를 갖춘 모습을 통하여 볼 수 있느냐?

아니옵니다, 세존이시여. 여러 가지 거룩한 상호를 갖춘 모습을 통해서는 마땅히 여래를 볼 수 없사옵니다. 왜냐하면 여래께서 설하신 거룩한 상호는 곧 여러 가지 거룩한 상호가 아니라 그 이름이 거룩한 상호이기 때문입니다.

앞의 제19「법계통화분」에서는 칠보를 가득 채워 보시하더라도 불과(佛果)를 성취할 수 없음을 밝히셨고, 제20「이색이상분(離色離相分)」에서는 부처님께서 아무리 거룩한 모습을 하고 계시더라도, 겉모습으로는 능히 법신(法身)을 볼 수 없음을 설하고 계십니다.

흔히 부처님께서는 관상학상 가장 수승하다고 하는 서른두 가지의 좋은 점과 80가지의 상서로운 상인 32상 80종호(三十二相 八十種好)를 갖추셨다고 하는데, 그 32상 80종호를 금강경에서는 구족색신(具足色身), 또는 구족제상(具足諸相)이라고 하였습니다.

그러나 아무리 훌륭한 색신(色身)도 여러 인연들이 모여 잠시 한 덩어리를 이룬 것에 불과합니다. 따라서 부처님의 진면목인 법신(法身), 곧 진리의 몸은 그러한 색신(色身)을 통하여 볼 수가 없습니다. '이색이상분(離色離相分)'이라는 제목이 암시하듯, 일체의 색이나 형상을 떠나야 무량공덕을 갖춘 반야(般若)가 드러나고, 진리 그 자체인 법신을 바로 볼 수 있게 되는 것입니다.

그런데 우리의 삶은 어떠합니까? 겉모습에 집착하여 반야나 법신은 돌아보지도 않는 삶을 살고 있지는 않습니까?

❀

옛날 한 정승이 친한 친구로부터 잔치가 있으니 와 달라는 초청을 받았습니다. 그런데 약속한 날이 되었을 때 그는 유달리 바쁜 일이 많아 옷도 제대로 갖추어 입지 못한 채 친구 집을 찾아갔습니다. 그의 행색을 본 문지기는 그를 들어가지 못하게 막았습니다.

"나는 이 집 주인과 절친한 친구요. 가서 아무개가 왔다고 아뢰시오."

"어디서 그런 거짓말을 하는 게요? 당신 같은 사람은 들여보낼 수 없소. 저리 비키시오."

그렇게 문전박대를 당하고 가만히 지켜서서 보니, 관복을 근사하게 차려 입은 사람들이 하인을 거느리고 나타나면 문지기는 '어디서 온 누구냐'고 묻지도 않고 허리를 굽신거리며 안으로 안내를 하는 것이었습니다. 그는 집으로 돌아가 의복을 갖추어 입고 다시 문지기 앞에 섰습니다.

"대감님, 어서 오십시오."

문지기는 그를 극진히 모셨습니다. 정승이 자리에 앉아 주안상을 받으며 생각해 보니, 이 자리에 앉게 된 것이 순전히 옷 덕분이었습니다. 그는 술잔을 들어 옷에다 술을 따르며 말했습니다.

"내가 이 자리에 앉게 된 것은 오로지 당신 덕분이오. 많이 드십시오."

우스운 듯한 이야기이지만, 외모로써 사람을 판단하는 사회풍조가 판을 치고 있고, 남에게 보이기 위해 분수에 넘치는 좋은 집에 좋은 차에 좋은 옷을 입고 사는 사람들이 곳곳에 있다는 것을 우리는 잘 알고 있습니다. 그들과 이 사회를 향해 금강경은 외칩니다.

"참된 것은 겉모습이 아니다. 보이는 것에 집착하며 허덕이지 말고 형상을 떠난 참모습을 찾아라."

금강경의 종지가 무상(無相)·무색(無色)으로 반야를 증득하는 것이듯, 여러분들도 부지런히 기도하고 정진하시어 색(色)과 상(相)에 걸림이 없이 지혜로 진리의 당체를 증득하시기 바랍니다.

非說所說分 第二十一
비설소설분 제이십일

　須菩提여 汝勿謂如來作是念하대 我當有所說法이라 하라 莫作是念이니 何以故오 若人이 言 如來- 有所說法이라 하면 卽爲謗佛이라 不能解我所說故니라 須菩提여 說法者는 無法可說이 是名說法이니라
　爾時에 慧命須菩提- 白佛言하사대 世尊하 頗有衆生이 於未來世에 聞說是法하고 生信心不잇가
　佛言하사대 須菩提여 彼非衆生이며 非不衆生이니 何以故오 須菩提여 衆生衆生者는 如來- 說非衆生일새 是名衆生이니라

　수보리여, 너희는 '여래께서 마땅히 설한 바 법이 있다는 생각을 하리라'는 생각을 짓지 말아야 하느니라. 무슨 까닭인가? 만약 어떤 사람이 여래가 설한 바 법이 있다고 한다면 이는 곧 부처님을 비방하는 것이니, 내가 설한 바를 잘 이해하지 못한 것이기 때문이니라. 수보리여, 법을 설한다고 하나 가히 설할 만한 법이 없나니, 곧 그 이름이 설법이니라.
　그때 혜명 수보리가 부처님께 아뢰었다.
　세존이시여, 미래의 세상에 자못 어떤 중생이 있어 이 법

을 설하심을 듣고 신심(信心)을 내겠나이까?

　부처님께서 말씀하셨다.

　수보리여, 저들은 중생도 아니요 중생이 아님도 아니니라. 왜냐하면 수보리여, '중생·중생'이라 함에 대해 여래는 중생이 아니라고 설하나니, 곧 그 이름이 중생이니라.

　제20「이색이상분」에서는 일체의 색이나 형상을 떠나야 무량공덕을 갖춘 반야(般若)가 드러나고, 진리 그 자체인 법신(法身)을 바로 볼 수 있게 됨을 설하셨으며, 여기 제21「비설소설분(非說所說分)」에서는 진정한 법은 말을 여읜 것이요 설하여질 수 있는 것이 아님을 밝히고 계십니다. 여기에서 우리는 의문이 샘솟지 않을 수 없습니다.

　진정한 법이 말을 여의고 설하여질 수 없는 것인데, 어떻게 부처님께서는 49년 동안 책으로 따지면 수천 권에 달하는 어마어마한 설법을 하신 것인가? 이를 밝힌「비설소설분」의 본문은 크게 두 단락으로 나누어 져 있습니다.

　첫 번째 단락에서는 설법이란 무엇인지를, 두 번째 단락에서는 수보리 존자가 설법을 듣는 대상으로 생각하고 있는 중생이란 무엇인지를 밝히고 계십니다.

　앞의 제20「이색이상분」에서 살펴보았듯이, 부처님께서 아무리 거룩한 겉모습을 하고 계시더라도 그것은 인연들이 잠시 모여 이루어진 것이요, 방편으로 나타낸 허망한 육신에 불과합니다. 그 허망한 육신으로는 충만하면서도 텅 빈 법신 자리에 대해 마땅히 설할 수도 없고 설할 것도 없습니다.

참된 부처님은 법신(法身) 그 자체입니다. 메아리가 부름에 응답하듯 아무런 집착이 없으며, 따라서 무엇을 설했다는 생각도 없으십니다. 오히려 설하였다는 생각이 있다면 그것은 진정한 설법이 아닙니다. 그것은 상(相)을 가진 범부의 설법에 불과합니다. 실로 진리는 말을 여읜 것이며, 말을 여읜 진리를 말로 표현한 것, 그것을 설법이라고 하는 것입니다.

금강경의 이 구절을 두고 송나라의 야부(冶父)스님은 말씀하셨습니다.

"토끼뿔로 만든 지팡이요 거북이의 털로 만든 먼지털이개로다〔兎角杖龜毛拂〕."

토끼의 뿔이 어디에 있으며 거북이의 털이 어디에 있습니까? 또 우스운 소리 같지만, 만공스님은 공부를 열심히 해서 조금 지견이 난 사람을 두고 이렇게 말씀하셨습니다.

"귀신 방귀에 털이 난 것을 쳐다본 놈이다."

이처럼 깨달음의 세계, 진리의 세계는 말로는 표현이 불가능한 세계입니다. 이에 관한 한 편의 이야기를 음미해 봅시다.

❋

어느 날 석가모니 부처님께 한 외도가 찾아왔습니다. 그는 외도였지만 깨달음을 갈구하는 진지한 구도자였습니다. 그는 예를 갖추어 부처님께 여쭈었습니다.

"부처님이시여, 저는 당신께 말이 있음으로도, 말이 없음으로도 묻지 않겠나이다. 부디 부처님께서도 저에게 말이 있음도 아니고, 말이 없음도 아닌 법문을 하여 주십시오."

그가 말을 마치자, 부처님께서는 한폭의 그림처럼 가만히 자리에 앉으셨습니다. 마치 금강경의 제1 「법회인유분(法會因由分)」에서, 사위성에서 탁발을 하신 다음 기수급고독원으로 돌아오시어 공양을 드시고 발을 씻으시고 가부좌를 틀고 앉으신 모습처럼, 부처님께서는 평상시와 같이 단정하고 고요히 자리에 앉으셨습니다.

그 자리에는 어떤 말도 흐르지 않았습니다. 문득, 외도는 부처님의 모습을 보고 벅찬 희열과 충격을 느꼈습니다. 말 없는 행위 속에서 그는 진리의 참모습을 발견한 것입니다.

"위대하신 부처님이시여, 당신의 자비가 세상에 가득하옵니다. 저의 미혹한 마음을 씻어 주심에 머리 숙여 깊이 감사 드리옵니다."

외도가 기쁨의 눈물을 흘리고는 부처님께 예경을 하고 물러가자, 이를 지켜보던 아난 존자가 여쭈었습니다.

"세존이시여, 저는 오랫동안 세존을 모셔왔지만 오늘과 같은 일은 처음이옵니다. 세존께서는 어떠한 말씀도 하시지 않았지만, 그는 모든 의문이 풀린 듯 기쁨의 눈물을 흘리며 물러났습니다. 어찌된 까닭이옵니까?"

그러자 부처님께서는 말씀하셨습니다.

"아난아, 준마(駿馬)는 채찍만 보아도 달릴 줄 아느니라."

결국 아난 존자는 부처님의 설법을 가장 많이 들어 다문제일(多聞第一)이라고 불리워졌음에도 불구하고, 부처님이 열반에 드신 후에야 깨달음을 얻었습니다. 왜 그렇게 늦게 깨달았을까요? 부처님과 부처님의 설법이라는 상(相)에 너무 의지했기 때문입니다.

제6「정신희유분(正信希有分)」에서도 밝히셨듯 부처님의 설법은 뗏목과 같습니다. 뗏목을 의지해 저 언덕으로 가지만 저 언덕으로 올라서면 뗏목은 버려야 합니다. 중생들도 부처님의 설법을 등불 삼아 진리의 세계로 들어가는 길을 알 수 있고 스스로를 등불로 삼아 진리를 깨우칠 수 있지만, 진리를 증득하면 모든 설법들은 떨쳐버려야만 합니다.

부처님께서 49년간 설하신, 책으로 수천 권에 달하는 분량의 설법들 역시 모두 중생들을 위한 방편에 불과할 뿐 그 자체가 진리는 아닙니다.

그래서 부처님께서는 말씀하셨습니다.

"만약 어떤 사람이 여래가 설한 바 법이 있다고 한다면 이는 곧 부처님을 비방하는 것이요, 내가 설한 바를 잘 이해하지 못한 것이다. 수보리여, 법을 설한다고 하지만 가히 설할 만한 법이 없다. 그러므로 그 이름을 설법이라 하느니라."

두 번째 단락에서 수보리 존자는 문득 설법을 하는 주체인 부처님과 설법을 듣는 대상인 중생에 대한 분별심을 일으켜, 미래 세상의 중생이 이런 법문을 듣고 믿음을 낼 수 있을 것인지를 질문합니다. 그러자 부처님께서는 다음과 같이 깨우쳐 주십니다.

"수보리여, 저들은 중생도 아니요 중생이 아님도 아니니라. 무슨 까닭인가? 수보리여, '중생이다 중생이 아니다'고 하는 것에 대해 여래는 모두가 아니라고 설하나니, 곧 그 이름이 중생이니라."

이 말씀은 '부처도 아니요 부처가 아닌 것도 아니다'라는 말과 똑같은 뜻입니다. '중생이다' 해도 집착이 되고, '중생이 아니다'고 하여도 집착이 되기 때문에 '중생이 아님도 아니다'라고 하셨습니다. 모든 집착과 시시비비를 털어 주시는 말씀입니다.

중생은 이름이 중생일 뿐이지 중생이라고 정해진 부류가 따로 있는 것이 아닙니다. 다시 말해 중생이라고 하는 단어로 부르기는 하지만 실제 중생이라고 규정되어진 어떤 고유한 것은 있지 않다는 가르침입니다.

우리들은 자꾸 집착을 하여 미한 사람을 중생이라고 생각합니다. 하지만 부처님에게 있어 중생은 그저 평범한 하나의 단어일 뿐이므로 차별심이나 분별심이 없으며, 아무런 얽힘이나 집착이 없습니다. 곧 부처님의 입장에서는 중생이라고 하는 대상이 없고 부처라고 하는 대상이 따로 없습니다. 오직 일승법(一乘法)이 있을 뿐이며, 설법의 주체와 객체도 따로 없는 것입니다.

　실로 중요한 것은 집착과 분별을 떠나는 것입니다. 주객(主客)·염정(染淨)·선악(善惡) 등의 분별을 떠난 우리의 실천이 중생을 부처로 바꾸어 놓습니다. 이를 꼭 명심하시어 집착과 분별을 놓아 버리는 수행을 열심히 하시기 바랍니다.

無法可得分 第二十二
무 법 가 득 분 제 이 십 이

須菩提- 白佛言하사대 世尊하 佛이 得阿耨多羅三藐三菩提는 爲無所得耶잇가

佛言하사대 如是如是하다 須菩提여 我於阿耨多羅三藐三菩提에 乃至無有少法可得일새 是名阿耨多羅三藐三菩提니라

수보리가 부처님께 아뢰었다.
세존이시여, 부처님께서 아뇩다라삼먁삼보리를 얻으심은 얻은 바가 없음이 되나이까?
부처님께서 말씀하셨다.
그러하고 그러하니라. 수보리여, 나는 아뇩다라삼먁삼보리에 있어 어떠한 조그마한 법도 가히 얻은 것이 없기에, 이를 이름하여 아뇩다라삼먁삼보리라 하느니라.

제22「무법가득분(無法可得分)」에서는 진리는 얻을 것이 없음을 밝히고 계십니다.
아무리 진리일지라도 얻었다고 하면 벌써 집착이 생기므

로, 수보리 존자는 '얻은 바가 없습니다' 라고 말했습니다. 이에 대해 부처님께서는 수보리 존자의 말이 옳다고 인증해 주시고는 이렇게 덧붙이십니다.

"수보리여, 나는 아뇩다라삼먁삼보리법에 있어 어떠한 조그마한 법도 가히 얻은 것이 없느니라. 그러므로 이를 아뇩다라삼먁삼보리라고 이름하느니라."

부처님께서 처음부터 아뇩다라삼먁삼보리에 대한 생각과 집착을 내셨다면 그것을 '얻었다' 라고 하셨겠지만, 처음부터 끝까지 그것에 대한 집착이 없으셨으므로 '얻은 것이 없다' 라고 하셨습니다. 바꾸어 말하면, 마지막 한 생각이 다하지 않고 집착이 사라지지 않으면 최상의 진리와 하나가 될 수 없다는 것입니다.

실로 어떤 사람에게 자기가 '견성했다' 라는 생각이 남아 있으면 그는 아직 견성하지 못한 사람입니다. 또한 우리가 심중에 '내가 복을 닦았다, 보시를 했다' 라는 생각이 남아 있으면 그것은 올바른 복덕과 보시가 될 수 없습니다. 우리의 행위에 대해 아무런 집착 없이 깨끗한 마음으로 탁 털어버려야 참된 복덕, 참된 보시가 됩니다.

우리의 잘못된 집착으로 인해 생긴 응어리는 참으로 무섭습니다. 불상(佛像)을 조성한다고 하면 어떤 스님들은 신도들에게 일부러 복장(伏藏), 곧 불상 속에 무엇을 넣어 준다며 금도 갖고 오고 은도 갖고 오라고 합니다. 하지만 이것은 자칫하면 사(邪)를 불러들이는 무서운 결과를 초래합니다. 이에 관한 이야기 하나를 소개하겠습니다.

✽

　조선 중기 안동의 봉정사에서 있었던 일입니다.
　그 무렵 봉정사에서는 부처님 상(像)을 개금하였는데, 이상스럽게도 그 후부터 스님들 사이에 낮이고 밤이고 매일 싸움이 벌어졌습니다. 스님들은 자다가도 일어나서 머리가 터지도록 싸웠습니다. 하지만 누구도 그 영문을 몰랐습니다.
　그러던 어느 날 수행을 열심히 한 스님 한 분이 봉정사로 와서, 객실방에 조용히 앉아 밤을 지새우고 있었습니다. 그런데 한밤중이 되자 법당문이 열리며 소복을 한 여인이 스르르 나오는 모습이 보였습니다.
　여인은 스님들이 잠을 자고 있는 방으로 가서 문을 열고는, 가만히 쳐다보다가 발길을 돌렸습니다. 잠시 뒤, 자고 있던 스님들이 갑자기 일어나더니 요란스럽게 싸움을 시작하는 것이었습니다.
　이를 이상하게 여긴 객 스님은 다음날도 그 다음날도 객실방에서 밤을 세웠습니다. 그런데 첫날과 같은 시간이 되자 소복을 입은 여인이 나타나더니 똑같은 일이 반복되었습니다.
　객 스님은 마침내 봉정사의 불상이 개금한 지가 얼마 되지 않았다는 사실을 알게 되었고, 틀림없이 개금 뒤에 '사(邪)'가 붙은 것이라고 여기게 되었습니다.

객 스님은 법당문을 걸어 잠그고 도끼로 불상을 쪼개었습니다. 그러자 불상 속에서 여자의 소복이 나왔습니다. 스님은 그 소복을 들고 법당을 나와서는 깨끗이 태워버렸습니다.

이후 봉정사에서는 스님들의 이상한 싸움이 없어졌다고 합니다.

실로 부처님의 복장(伏藏)에는 경책이나 진언 등을 넣어야지, 불자들의 그릇된 집착이 담긴 물건은 넣지 말아야 합니다. 다른 불사를 할 때에도 불자들은 어떤 과보도 바라지 않는 깨끗한 마음으로 참여해야 합니다.

다시 본문으로 돌아갑시다. 진리는 아무런 걸림이 없기 때문에 진리입니다. 그렇기 때문에 한없는 복덕도 나오고 영광도 생기고 부처도 될 수 있는 것입니다. 거기에 무엇인가가 있고 걸림이 있으면 안 됩니다. 없기 때문에 부처라고 할 수 있습니다.

그런데 여기에 한 가지 의문이 붙습니다. 법이 없다면 어떻게 닦고 증득하고 부처라는 차원까지 갈 수 있는가?

이것 또한 마찬가지입니다. 어떤 것도 없기 때문에 모든 것을 나투어 내고 최상의 차원까지 갈 수 있는 것입니다. 그래서 이 진리를 아뇩다라삼먁삼보리라고 합니다. 없기 때문에 진리요 법신 부처님이라고 하는 것입니다.

그러나 주의해야 할 것이 있습니다. 부처님께서는 '없다'고 부정하시지만, 중생의 말이나 생각으로는 부정할 수 없는 어떤 것이 있습니다. 비유하면 아이들의 입장에서 보면 결코 부정할 수 없는 아버지와 어머니의 세계·판단·지혜 등이 있는 것과 같습니다. 이를 잘 기억하신다면 그릇된 교만에 빠지지 않을 것입니다.

이제 제23분으로 넘어갑시다.

淨心行善分 第二十三
정심행선분 제이십삼

　復次須菩提여 是法이 平等하야 無有高下일새 是名阿耨多羅三藐三菩提니 以無我無人無衆生無壽者로 修一切善法하면 即得阿耨多羅三藐三菩提하리라 須菩提여 所言善法者는 如來説- 即非善法일새 是名善法이니라

　또한 수보리여, 이 법은 평등하여 높고 낮음이 없으므로 아뇩다라삼먁삼보리라 이름하느니, 아(我)도 없고 인(人)도 없고 중생(衆生)도 없고 수자(壽者)도 없이 일체의 선한 법을 닦으면 곧 아뇩다라삼먁삼보리를 얻느니라. 수보리여, 이른바 선법(善法)이라고 하는 것을 여래는 곧 선법이 아니라 그 이름이 선법이라고 설하느니라.

　제23「정심행선분(淨心行善分)」에서는 일체의 상(相)을 여읜 깨끗한 마음으로 선법을 닦을 것을 권하고 계십니다.
　아뇩다라삼먁삼보리는 한자로 무상정등정각(無上正等正覺)이라고 하는데, 풀이하면 '위 없이 높고 바르고 평등하고 원만한 깨달음'이라는 뜻입니다. 곧 높고 낮음이 없이 전체가

평등하다는 말입니다. 중생과 부처는 둘이 아니요 본래가 한 바탕입니다. 깨달음과 미혹 또한 마찬가지입니다.

그래서 부처님께서는 중생들이 조그마한 집착도 없이, 사상(四相)이 없이 선법을 닦으면 이 절대 평등한 아뇩다라삼먁삼보리를 증득한다고 밝히시고 계십니다. '일체의 선법을 닦는다' 는 것은 어떤 경계를 만나도 흔들리거나 탐착을 내지 않는 것을 말합니다.

만약 사상(四相)이라는 집착을 여의지 않고 선법을 닦는다면 아뇩다라삼먁삼보리를 증득하기는커녕 또다른 상(相)만을 키울 것입니다. 하지만 집착을 여의고 선법을 닦으면 한없는 복도 되고 공덕도 되고 공부도 됩니다. 집착이 크면 전체가 어그러지지만, 집착이 떨어지면, 곧 상(相)을 여읜 상태에서 닦으면 복은 복으로서, 공덕은 공덕으로서, 공부는 공부로서 이루어집니다.

그러면 과연 선법은 무엇인가? 부처님께서는 말씀하십니다.

"수보리여, 이른바 선법(善法)이라고 하는 것을 여래는 곧 선법이 아니라 그 이름이 선법이라고 설하느니라."

우리가 목탁을 목탁이라고 하면 물질적인 집착 속에서 진리를 어기는 것이 되고, 목탁을 목탁이 아니라고 하면 진리에 집착하여 물질체를 어기는 것이 됩니다. 그러면 뭐라고 해야 됩니까? 결국 목탁을 목탁이라고 하되 집착을 붙이지 않으면 됩니다. 집착을 끊으면서 거짓 이름은 그대로 존재시킵니다.

다시 말해 아뇩다라삼먁삼보리라는 이름도 긍정을 해주고, 금강반야바라밀이라는 이름도 긍정을 해주며, 부처도, 32상 80종호도 다 긍정을 해주라는 말입니다. 거기에 집착을 하면 어긋나므로 집착을 못하게 부수어 버리지만, 그 이름은 살려 줍니다.

따라서 선법이라고 하는 것 역시 우리가 집착하면 선법이 아닙니다. 하지만 그 이름이 존재하지 않으면 의지할 바가 없으므로 '선법'이라는 이름을 두는 것입니다.

물론 우리는 선법을 닦아야 합니다. 그러나 형식적인 선법에 머물러서는 안 됩니다. 그야말로 '지극함'이 있어야 합니다. 이제 지극한 선법을 닦아 무정물을 감응시킨, 원효대사의 아들 설총에 관한 이야기 한토막을 소개할까 합니다.

❋

설총은 아버지 원효대사에 대한 효심이 매우 지극하고 각별했습니다. 그래서 사람들은 설총을 가리켜 '하늘이 내린 효자'라고 칭송했습니다.

얼마나 효자였던지, 이곳 저곳을 떠돌던 아버지 원효대사가 경주 일대의 어디에 있다는 사실을 알게 되면 이른 새벽에 세수를 하고는 정장을 차려 입고 찾아가 아침 문안인사를 드렸습니다. 그런 후에야 집에 돌아와 아침식사를 하고 하루의 일과를 시작하였습니다.

또, 원효대사가 경주에서 멀리 떨어진 어느 곳에 계시다는 말을 풍문으로라도 들으면, 이른 새벽에 세수를 하고 정장을 입은 다음 그쪽을 향해 큰절을 올렸습니다.
　그러던 중 원효대사는 마침내 열반에 드셨습니다. 설총은 아버지가 못견디게 그리웠고 가슴이 아팠습니다. 그래서 아버지를 화장하고 난 후, 남은 재와 진흙을 이겨 불상을 만들 듯 아버지의 모습을 빚었습니다. 그리고 아버지가 오래 주석하고 계셨던 분황사의 법당 한쪽에 그 진흙상을 모셔 두고 아침마다 문안인사를 다녔습니다.
　그런 어느 날 아침이었습니다. 여느때처럼 설총은 분황사 법당을 찾아가 아버지께 문안인사를 드렸습니다. 그런데 놀라운 현상이 일어났습니다. 원효대사의 진흙상이 법당 가운데에서 절을 올리고 있는 아들을 보기 위해 고개를 옆으로 돌렸던 것입니다. 분명히 정면을 바라보게 조성되어진 진흙상이었습니다.
　그 후부터 그 진흙상은 계속 설총이 절을 하던 법당 중간 부분을 바라보았다고 합니다.
　목을 돌린 원효대사의 진흙상은 고려 중기까지 분황사의 성보로 모셔져 있었습니다. 하지만 고려 때 몽고군의 침입을 받아 분황사와 함께 불타버렸다고 합니다.

　설총과 같이 우리 또한 기도를 하거나 선법을 닦을 때 무정물을 감응시킬 만큼 지극 정성을 기울여야 합니다. 만약 이러한 지극한 마음으로 경을 읽거나 염불 수행을 하거나 선행의 공덕을 쌓으면, 그 사람은 분명 아뇩다라삼먁삼보리를 깨달을 수 있게 됩니다.

福智無比分 第二十四
복지무비분 제이십사

　須菩提여 若三千大千世界中에 所有諸須彌山王- 如是等 七寶聚를 有人이 持用布施라도 若人이 以此般若波羅蜜經으로 乃至四句偈等을 受持讀誦하며 爲他人說하면 於前福德으로 百分에 不及一이며 百千萬億分과 乃至算數譬喩로 所不能及이니라

　수보리여, 만약 삼천대천세계에 있는 모든 수미산만한 칠보 덩어리를 어떤 사람이 가져다 보시하더라도, 어떤 사람이 금강반야바라밀경이나 사구게만이라도 받아지녀 읽고 외우고 남을 위해 해설해 준다면, 앞의 복덕으로는 백분의 일도 미치지 못하며 백천만억 분의 일 내지 헤아림이나 비유로도 능히 미치지 못하느니라.

　제24「복지무비분(福智無比分)」에서는 복과 지혜가 가히 비교될 수 없음을 설하고 계십니다. 곧, 물질적 보시라는 유위복과 경을 수지독송하거나 사구게만이라도 믿어 지녀 남을 위해 일러 주는 무위복은 비교가 안 되며, 후자가 훨씬 그 공

덕이 수승하다는 것을 밝히고 계십니다.

지금까지 누차에 걸쳐 말씀드렸듯이, 대우주 법계는 우리가 복을 닦으면 복을 주고 공덕을 닦으면 공덕을 주게 되어 있습니다. 이것이 우주 법계의 이치요 생활입니다. 그 중에서 경을 수지독송하고 남을 위해 해설하여 주는 공덕은 이 세상의 어느 유루(有漏)의 복보다도 수승합니다.

세상에서 가장 귀한 보석 덩어리를 한 개도 아닌, 수미산만큼 보시를 하면 그 사람에게 돌아올 복은 얼마나 크겠습니까? 하지만 부처님께서는 말씀하십니다.

"어떤 사람이 금강반야바라밀경이나 사구게만이라도 받아 지녀 읽고 외우고 남을 위해 해설해 준다면, 수미산 크기의 보석을 보시한 복덕으로는 그에 백분의 일도 미치지 못하며 백천만억분의 일도 미치지 못한다. 어떠한 헤아림이나 비유로도 능히 비교하지 못하느니라."

그런데 어리석은 사람들은 이 법칙을 믿지 못하고 금강경의 수지독송 공덕이 진짜인가 가짜인가, 복덕이 있나 없나를 의심합니다. 심지어 수십 년을 절에 다닌 분들조차 부처님의 이와 같은 말씀을 듣고서 의심을 하고 믿지 못하는 분들이 있습니다.

그리고 우리 주위를 둘러보면, 지혜는 고사하고 복조차도 제대로 닦지 못해 비참하게 생활하고 있는 분들이 많습니다. 다음은 부처님의 제자 가운데 두타제일(頭陀第一)로 일컬어지는 가섭(迦葉) 존자에 얽힌 감동적인 이야기입니다.

✽

　부처님 당시, 수보리존자와 가섭존자는 탁발을 다닐 때 각각 부자 집과 가난한 집만을 골라 찾아다녔습니다. 그들에게는 다 나름대로의 이유가 있었습니다.
　가난한 사람은 누군가에게 무엇을 주고 싶어도 줄 것이 없기 때문에 마음이 괴로울 것이요, 그들이 마음고생을 하는 모습을 차마 볼 수가 없다는 이유로 수보리존자는 부자집만을 골라 탁발을 다녔습니다.
　반면 가섭존자는, 금생의 가난한 사람은 전생에 복을 짓지 못하였기 때문인데, 금생에도 복을 짓지 못하면 내생에는 얼마나 박복한 생활을 할까 하는 안타까운 마음에서, 그들에게 자그마한 복이라도 짓게 해주고자 가난한 집만을 찾아다녔습니다.
　그러던 어느 날이었습니다. 사위성에 한 외롭고 가난한 무의탁 노파가 있었는데, 가섭존자는 탁발을 다니다가 우연히 그 노파를 보게 되었습니다. 노파는 한평생 밥을 먹은 것보다 굶은 숫자가 더 많았을 정도로 가난하게 살았습니다. 그런데 가섭존자가 밝은 눈으로 보니 그 노파가 7일 뒤면 죽을 것 같았습니다. 가섭존자는 생각했습니다.
　'저 사람이 전생에 좋은 일이라고는 한 번도 못하여 평생을 이렇게 비참하게 살아 왔구나. 저 노파가 현재의 상태로 7일 후에 죽으면 박복한 과거 때문에 다음 생에는 더 곤란해질 것이다. 뭔가 복을 지을 수 있도록 해주어야겠다.'

이렇게 다짐한 가섭존자는 노파에게 말했습니다.

"시주를 받으러 왔으니 아무 것이라도 당신 물건을 당신 손으로 보시하시오."

그러나 노파의 집은 바람 하나 막을 수 없을 만큼 허름하였고, 그녀가 가지고 있는 것이라고는 기껏 아랫부분만을 가리는 걸레 조각 같은 옷이 전부였으며, 먹을 거리라고는 사흘 전에 이웃집 사람이 불쌍하다며 갖다준 쌀뜨물이 전부였습니다. 하지만 쌀뜨물조차도 인도의 무더운 날씨 때문에 거의 썩은 물이나 마찬가지일 정도로 쉬어 버렸습니다. 가섭 존자는 노파에게 말했습니다.

"그 쌀뜨물이라도 좋으니 당신 손으로 직접 보시를 하시오."

노파는 걸레조각 같은 천조각으로 아랫도리만 가린 채 살금살금 다가가, 쉬어터진 쌀뜨물을 가섭 존자의 바루에 부었습니다.

"내가 이걸 어떻게 하리라고 생각하오?"

"아무 짝에도 쓸모가 없을 테니 버리실 테지요."

"그렇지 않소. 나는 당신이 정성으로 보시한 이 뜨물을 고맙게 받아 달게 마실 것이오."

복지무비분 제이십사 · 257

말을 마치자 가섭 존자는 쉰 쌀뜨물을 벌컥벌컥 들이켰습니다.

"이 공덕으로 당신이 원하는 바가 이루어질 터이니, 당신의 소원을 말해 보시오."

"스님, 저는 금생에 너무 못살았습니다. 다음 생에는 복을 많이 받았으면 좋겠습니다."

"원대로 될 테니 걱정 마시오."

7일 후, 노파는 마침내 숨을 거두었습니다. 그런데 노파는 가섭 존자에게 썩은 뜨물을 보시한 복으로 도리천에 태어났고, 몸에서 환한 빛이 나는 천인(天人)의 모습으로 한밤중에 가섭 존자 앞에 나타났습니다.

"스님, 고맙습니다. 스님께서 복을 닦게 해주신 덕분에 저는 천상에 태어나는 제이제(第二諦)의 복을 받았습니다. 지나간 날의 고마움에 감사드리면서 예배를 올립니다."

노파는 그렇게 절을 올리고는 물러갔습니다.

제일제(第一諦)는 법계의 근본 진리를 바로 깨달아 해탈하는 것을 말하고, 제이제(第二諦)는 바로 그 다음의 단계인 복덕을 쌓는 것을 말합니다. 가히 두타제일이라고 불리운 가섭 존자다운 일화이고, 참으로 흐뭇하고 아름다운 이야기입니다.

우리가 살아가는 매일매일의 생활은 전부가 복밭이니만

큼, 우리는 사소한 일 하나라도 복을 짓는 데 소홀히 하지 말아야합니다. 하물며 그 복과는 비교될 수 없는 공덕, 곧 경을 수지독송하고 남에게 해설해 주는 일에 소홀히 해서야 되겠습니까?

  우리 모든 불자들이 지극한 마음으로 복을 닦고 부처님 법을 공부하여, 대행복을 누림과 동시에 절대 평등하고 원만한 깨달음인 아뇩다라삼먁삼보리를 중득하시기를 깊이깊이 축원드립니다.

化無所化分 第二十五
화 무 소 화 분 제 이 십 오

須菩提여 於意云何오 汝等은 勿謂如來- 作是念하대 我當度衆生이라 하라 須菩提여 莫作是念이니 何以故오 實無有衆生- 如來度者니 若有衆生을 如來度者면 如來- 則有我人衆生壽者니라

須菩提여 如來說有我者는 卽非有我어늘 而凡夫之人이 以爲有我니 須菩提여 凡夫者는 如來- 說卽非凡夫일새 是名凡夫니라

수보리여, 네 생각은 어떠하냐? 너희들은 여래께서 '나는 마땅히 중생을 제도한다고 생각하리라'고 말하지 말라. 수보리여, 이런 생각을 하지 말라고 한 까닭이 무엇인가? 실로 여래가 제도할 중생이 없기 때문이니, 만일 여래가 제도할 중생이 있다고 한다면, 여래에게 곧 아상·인상·중생상·수자상이 있음이니라.

수보리여, 여래가 설한 '나가 있음[有我]'은 곧 '나가 있음'이 아니거늘, 범부(凡夫)들은 '나가 있다'고 하느니라. 수보리여, 여래는 범부에 대해서도 곧 범부가 아니라 그 이름

이 범부라고 설하느니라.

제24「복지무비분」에서는 금강경의 복과 지혜가 그 어떠한 것에도 비교될 수 없음을 설하셨고, 여기 제25「화무소화분(化無所化分)」에서는 중생을 교화하되 실제로는 교화한 것이 없음을 밝히고 계십니다.

부처님께서는 중생 제도를 위해 평생을 바치셨음에도 불구하고 어째서 위와 같은 말씀을 하셨을까? 이는 부처님께서 깨달아 한 몸을 이룬 진여법계(眞如法界)의 입장에서 한 이야기입니다.

절대 평등한 진여법계에서는 중생과 부처가 따로 있을 수 없습니다. 나와 남, 주관과 객관, 나고 죽음도 없는데 부처와 중생이라고 하는 분별이 어찌 있겠습니까?

실로 삼라만상은 법계의 진리를 주춧돌로 하고 있습니다. 부처도 진리요 중생도 진리입니다. 오로지 법계의 진리에 입각하여 보면 제도할 부처가 어디에 따로 존재하며, 제도받을 중생이 어느 곳에 따로 있느냐는 것입니다. 곧 중생도 진리요 부처도 진리인데, 진리가 진리에게 어떻게 가르침을 주고 제도한다고 할 수 있겠습니까?

깨달음의 세계인 진여법계와 한 몸을 이룬 다음에 보면 부처와 중생이 이름만 부처와 중생일 뿐이지, 본래 하나요 같은 것일 뿐이라는 것입니다.

그런데도 만약 부처님께서 '중생을 제도했다'라는 생각을 하시면, 부처님 역시 아상·인상·중생상·수자상에 걸리는 것이 됩니다. 다시 말해 판에 박힌 듯한 규정을 내리고 집착을 하면 상(相)을 취하는 허물이 붙는다는 가르침입니다. 부처님께서는 그 허물의 근본이 되는 자타(自他)라는 분별심, 중생과 부처라는 분별심을 타파시키기 위해 다음과 같이 말씀하십니다.

"수보리여, 부처님이 가끔은 '나가 있다〔有我〕'고 설하시지만 이는 곧 '나가 있다'는 것이 아니다. 그런데도 범부들은 '나가 있다'고 하느니라. 또 수보리여, 부처님께서 말씀하시는 범부는 곧 범부가 아니라 그 이름이 범부이니라."

우주 법계는 하나의 대아(大我)입니다. 이 대아는 자성(自性)이 청정한 상락아정(常樂我淨)의 아(我)입니다. 영원하고 행복하고 자유자재롭고 번뇌가 없는 '나'입니다. 그리고 이 대아에는 나와 남, 주관과 객관, 부처와 중생이라는 분별이 따로 없습니다. 구름과 같은 '나'가 아니라 푸른 하늘과 같이 탁 트인 '나'입니다.

어찌 구름과 같이 일어났다가 사라지는 나를 참 '나'라 할 것입니까? 그래서 부처님께서는 구름 같은 '나'라고 하는 그 유아(有我)는 유아가 아니라고 한 것입니다.

마찬가지로 '범부' 또한 중생들이 생각하는 것처럼 범부라고 하는 고정체가 따로 있어서가 아닙니다. 단지 그 이름이 범부일 뿐인 것입니다. 부처님께서 '범부'라는 단어를 쓰셨을 지언정, 진여법계의 입장에서 보면 그 어디에도 판에 박힌 범부라는 것은 없다는 말씀입니다.

부처님께서는 평생을 중생 교화에 바쳤습니다. 하지만 부처님께서는 '나는 부처요 너희는 중생과 범부'라는 분별심이 없으셨습니다. 따라서 무엇을 제도한다거나 교화한다는 생각 자체가 성립될 수 없습니다. 왜냐하면 '제도'나 '교화'라는 말이 이루어지기 위해서는 제도나 교화를 받을 대상이 있어야 하기 때문입니다.

그러면 절대 평등한 법계의 진리를 증득하신 부처님께서는 왜 중생들에게 수많은 설법들을 하셨을까? 그것은 제20「비설소설분」에서도 말씀드렸듯이 아무런 집착이 없는, 뗏목과 같은 방편이었습니다.

다시 말해, 중생들이 부처님의 법을 듣고 본래가 부처인 중생 자신의 진면목을 증득케 하려 하신 대자비입니다. 그래서 중생을 교화해도 실제로는 교화한 것이 없기 때문에 '화무소화(化無所化)'가 되는 것입니다.

法身非相分 第二十六
법 신 비 상 분 제 이 십 육

　須菩提여 於意云何오 可以三十二相으로 觀如來不아
　須菩提言하사대 如是如是니이다 以三十二相으로 觀如來니이다
　佛言하사대 須菩提여 若以三十二相으로 觀如來者인댄 轉輪聖王도 卽是如來로다
　須菩提- 白佛言하사대 世尊하 如我解佛所說義컨댄 不應以三十二相으로 觀如來니이다
　爾時에 世尊이 而說偈言하사대
　若以色見我커나
　以音聲求我하면
　是人은 行邪道라
　不能見如來니라

　수보리여, 네 생각은 어떠하냐? 가히 삼십이상으로써 여래를 볼 수 있겠느냐?
　수보리가 아뢰었다.
　그러하옵니다, 그러하옵니다. 삼십이상으로써 여래를 볼

수 있사옵니다.

부처님께서 말씀하셨다.

수보리여, 만약 삼십이상으로써 여래를 볼 수 있다면 전륜성왕도 곧 여래라고 할 수 있겠구나.

수보리가 부처님께 아뢰었다.

세존이시여, 제가 부처님께서 설하신 뜻을 이해하기로는 마땅히 삼십이상으로는 여래를 볼 수 없사옵니다.

그때 세존께서 게송으로 말씀하셨다.

만약 색신으로써 나를 보려 하거나

음성으로써 나를 구하려 하면

이 사람은 삿된 도를 행함이라

능히 여래를 보지 못하느니라

제26 「법신비상분(法身非相分)」에서는 부처님의 참된 몸이요 진리 그 자체인 법신(法身)은 모양이 있는 것이 아님을 설하고 계십니다.

법신을 다른 말로 비로자나불이라고도 하는데, 이것은 '대광명의 부처님〔大日如來〕'이라는 뜻으로 법계에 충만한 진리 당체를 나타내는 말입니다.

앞에서도 '32상으로 여래를 볼 수 있느냐' 하는 질문이 여러 번 나옵니다. 그때마다 수보리 존자는 '볼 수 없다'고 하였습니다. 그런데 이번에는 의외로 '삼십이상으로써 여래를 볼 수 있다'고 답합니다.

　물론 수보리존자는 의도적으로 틀린 대답하였습니다. 부처님께서 하근기의 후세 중생들이 확실히 이해할 수 있도록 하는 설법을 유도하기 위해 방편으로 답한 것입니다. 수보리존자의 상에 집착한 듯한 이 대답에 대해 부처님께서는 다음과 같이 반문을 하십니다.

　"수보리여, 만약 삼십이상으로써 여래를 볼 수 있다면 부처님과 꼭 같은 모습을 갖춘 전륜성왕도 여래라고 할 수 있겠구나."

　인도의 전설에 의하면, 가장 이상적인 왕이라고 일컬어지는 전륜성왕도 부처님과 마찬가지로 32상 80종호라는 길하고 거룩한 모습을 갖추었다고 합니다. 하지만 이런 겉모습을 가지고는 능히 진리 자체인 부처님을 볼 수가 없습니다.

　진리 그 자체인 법신은 모습이 없고, 법신을 주춧돌로 삼아 결국엔 화신인 석가모니 부처님이 탄생은 하셨지만, 석가모니 부처님의 진면목을 32상 80종호라는 겉모양으로는 볼 수 없다는 것입니다.

　부처님의 반문에 수보리 존자는 얼른 말을 바꾸어 '삼십이상으로는 여래를 볼 수 없다'고 대답합니다.

　그러자 부처님께서는 이런 게송을 읊으시며 의혹을 물리쳐 주십니다.

만약 색신으로써 나를 보려 하거나
음성으로써 나를 구하려 하면
이 사람은 삿된 도를 행함이라
능히 여래를 보지 못하느니라
若以色見我　以音聲求我
是人行邪道　不能見如來

　진리 그 자체인 법신은 눈과 귀 같은 인간의 좁은 인식 수단으로 알 수 있는 차원이 아니요, 형태와 소리라는 경계로도 알 수 있는 차원이 아니기 때문에, 위와 같은 게송을 읊으신 것입니다.
　모양과 음성, 육근(六根)과 육경(六境)을 넘어선 이 경지는 오직 깨달은 사람만이 스스로 긍정할 수 있습니다.
　비유하자면, 어떤 사람이 물을 마시고 있을 때 곁에 있는 사람이 그 물이 뜨거운지 차가운지, 맛이 쓴지 단지를 모르는 것과 같은 차원입니다.
　따라서 말이나 형상을 따라가지 말고 말 이전의, 모양 이전의 참된 말과 참된 모습을 찾고자 노력해야 합니다. 부지런히 말과 형상을 떠난 법신에 대해 끝없이 물음표를 던지면서 찾아들어 가십시오. 그러다보면 어느 날 문득 참된 부처님, 곧 법신과 하나가 될 것입니다.
　이제 이와 관련된 옛이야기 한 편을 살펴봅시다. 당나라 때

남악회양(南嶽懷讓) 선사로부터 법을 받고 선풍(禪風)을 크게 드날렸던 마조(馬祖) 스님이 젊은 시절 수행할 때의 이야기입니다.

❁

우직한 성품의 마조스님은 날마다 전법원에서 좌선에 몰두하고 있었습니다. 남악선사는 그런 마조스님이 법기(法器)임을 첫눈에 간파하였고, 어느 날 그의 곁으로 다가가 넌지시 물었습니다.

"그대는 대체 무엇을 위해 좌선을 하는가?"

"부처가 되려고 합니다."

그러자 남악선사는 벽돌 한 개를 주워 와서는 마조스님의 앞에 앉아 돌에 대고 갈기 시작했습니다. 선사의 행동이 이상하여 마조스님은 여쭈었습니다.

"스님, 벽돌을 갈아 대체 무얼 하려 하십니까?"

"아주 멋진 거울을 만드려고 하지."

남악선사가 아무렇지도 않다는 듯이 대답을 하자, 마조스님은 크게 웃음을 터뜨리며 말했습니다.

"벽돌을 갈아 어떻게 거울을 만들 수 있습니까?"

"그대는 좌선을 하여 부처가 되려 하는데, 나는 어째서 벽돌을 갈아 거울을 만들 수 없겠는가?"

마조스님은 문득 느껴지는 바가 있어 무릎을 꿇고 여쭈었습니다.

"스님, 그럼 어떻게 수행하오리까?"

"어떤 사람이 소가 끄는 수레를 몰 때, 그 수레가 잘 가지 않으면 수레를 때려야 하겠는가? 소를 때려야 하겠는가?"

無斷無滅分 第二十七
무단무멸분 제이십칠

　須菩提여 汝若作是念하대 如來- 不以具足相故로 得阿耨多羅三藐三菩提아 須菩提여 莫作是念- 如來- 不以具足相故로 得阿耨多羅三藐三菩提라 하라

　須菩提여 汝若作是念하대 發阿耨多羅三藐三菩提心者는 說諸法斷滅가 莫作是念이니 何以故오 發阿耨多羅三藐三菩提心者는 於法에 不說斷滅相이니라

　수보리여, 네가 만약 '여래가 상(相)을 구족하지 않은 까닭에 아뇩다라삼먁삼보리를 얻었다'라고 생각한다면, 수보리여, '여래가 상(相)을 구족하지 않은 까닭에 아뇩다라삼먁삼보리를 얻었다'는 생각을 하지 말지니라.

　수보리여, 네가 '아뇩다라삼먁삼보리의 마음을 일으킨 사람은 모든 법이 끊어져 아주 없어졌다(斷滅)'라고 생각한다면, 그와 같은 생각을 하지 말라. 왜냐하면 아뇩다라삼먁삼보리의 마음을 일으킨 사람은 법에 있어 단멸(斷滅)의 상이 있다고 말하지 않기 때문이니라.

제26 「법신비상분」에서는 법신(法身)은 상(相)으로 된 게 아님을 설하셨고, 여기 제27 「무단무멸분(無斷無滅分)」에서는 중생들이 행여나 상이 아니라는 말씀을 잘못 받아들여, 상(相)을 완전히 무시하고 모든 법이 끊어져 완전히 없어진다고 보는 단멸상(斷滅相)에 빠져들지는 않을까를 우려하여 단멸이 없음을 밝히고 계십니다.

중생들은 종종 어떤 말을 들으면 말의 본뜻을 여의고 겉으로 들리는 소리에만 집착합니다. 부처님은 중생들이 「법신비상분」의 말씀을 듣고 32상 80종호라는 부처님의 거룩한 상호를 무시하고, 또 부처님께서 세세생생을 거치며 행하신 32청정행을 닦지 않고서 단지 현생의 노력에 의해서만 아뇩다라삼먁삼보리를 증득하셨다고 하는 착각을 일으키는 것을 차단하기 위해 이렇게 말씀하셨습니다.

"수보리여, 그대가 만약 '여래께서는 상(相)을 구족한 까닭에 아뇩다라삼먁삼보리를 얻을 수 있었다'라고 생각한다면 잘못된 것이다. 수보리여, '그대는 여래께서 상(相)을 구족한 까닭에 아뇩다라삼먁삼보리를 얻었다'는 생각을 하여서는 안된다."

우리가 부처님의 겉모습만을 보고 '부처다, 부처가 아니다'라고 하면 벌써 '있다 · 없다'고 하는 판단 속에 떨어진 것이기 때문에, 단멸의 표현방법이 됩니다. 진리를 깨달은 사람은 이런 단멸의 모습을 말하지도 아니하고 단멸상에 떨어지지도 않습니다.

통도사 극락암에 주석하셨던 경봉(鏡峯) 노스님께서는 이런 말씀을 자주 하셨습니다.

"부처님의 정법안장(正法眼藏)! 그 오묘한 진리는 말로써 표현할 수 있는 것도, 글로써 보일 수 있는 것도 아니다.

목격이도존(目擊而道存)이라. 눈이 마주치는 곳에 도가 있다. 척 보면 알아야지, 설명을 듣고 아는 것은 저 문 밖의 소식이다. 그뿐 아니라 입을 열지 않거나 닫지 않는다고 하여도 진리와는 팔만사천 리나 멀어진다. 정법안장은 일체의 이름과 모양이 뚝 떨어진 자리여서, 그 어떤 상대적인 말로 설명하려 해도 맞지 않는 것이다."

그리고 경봉노스님은 법문을 시작할 때 종종 다음과 같은 말씀을 하셨습니다.

"내가 오늘 '걸린다·안 걸린다'의 관습에 걸림이 없이 이야기 할 테니 잘 들어라…."

진리를 깨달은 사람은 '이렇다'라는 규정도 내리지 않고 '저렇다'라는 규정도 내리지 않습니다. 왜 그런가? 규정을 내리면 단멸상에 떨어지기 때문입니다. 정녕 단멸에 떨어지는 사람은 아직 진리를 모르는 사람입니다.

이상과 같이 금강경에서는 진리에 대한 우리의 그릇된 관념과 집착을 모조리 깨뜨리고 있습니다. 스스로 잘 점검을 해보십시오. 과연 지금의 '나'는 어떤 관념에 사로잡혀 있는가를?

　나아가 그 관념과 집착을 과감히 놓아버리십시오. 그렇게 할 때 진리가 눈 앞에 펼쳐지고 참된 부처님을 맞이할 수 있게 됩니다.

不受不貪分 第二十八
불 수 불 탐 분 제 이 십 팔

須菩提여 若菩薩이 以滿恒河沙等世界七寶로 持用布施라도 若復有人이 知一切法無我하야 得成於忍하면 此菩薩이 勝前菩薩의 所得功德이니 何以故오 須菩提여 以諸菩薩이 不受福德故니라

須菩提- 白佛言하사대 世尊하 云何菩薩이 不受福德이닛고

須菩提여 菩薩의 所作福德은 不應貪着일새 是故로 說- 不受福德이니라

수보리여, 만약 어떤 보살이 항하의 모래알과 같은 수많은 세계에 가득 찰 만큼의 칠보를 가지고 보시하고, 다시 어떤 보살이 일체의 법이 무아(無我) 임을 알아 깨달음을 얻었다면, 이 보살은 앞의 보살이 얻는 공덕보다 수승하니라. 무슨 까닭인가? 수보리여, 보살들은 복덕을 받지 않기 때문이니라.

수보리가 부처님께 아뢰었다.

세존이시여, 어찌하여 보살은 복덕을 받지 않사옵니까?

수보리여, 보살은 지은 바 복덕에 대해 마땅히 탐착하지

않는 까닭으로 복덕을 받지 않는다고 말하느니라.

　제28「불수불탐분(不受不貪分)」에서는 보살은 지은 복덕에 대하여 받지도 탐하지도 않음을 밝히고 있습니다.
　부처님께서는 어째서 보살들이 스스로가 지은 복덕을 받지 않는다고 말씀하신 것일까?「불수불탐분」의 내용을 다시 한 번 풀어서 살펴보겠습니다.
　"수보리여, 만약 어떤 보살이 항하의 모래알과 같은 수의 무수한 세계에 가득 찰 만큼의 칠보를 가지고 보시하였다고 하자. 그리고 또 다른 보살은 일체의 법이 무아(無我) 임을 알아 깨달음을 얻었다고 하자. 이 두 보살 중 누구의 공덕이 더 뛰어나다고 생각하느냐? 당연히 뒤의 보살이 얻는 공덕이 앞의 보살이 얻는 공덕보다 수승하니라. 무슨 까닭인가? 수보리여, 보살들은 복덕을 받지 않기 때문이니라."
　부처님께서는 상상을 초월한 엄청난 양의 칠보 덩어리를 보시한 공덕보다도 일체법에 '나'가 없음, 곧 무아(無我)를 체득하는 공덕이 더 수승하다고 말씀하셨습니다. 그리고 그 일체법에 통달하여 나와 남, 주관과 객관이 없는 지혜를 깨달은 보살은 다음과 같은 이유로 '복덕을 받지 않는다'고 하셨습니다.
　"보살은 지은 바 복덕에 대해 마땅히 탐착하지 않는 까닭으로 복덕을 받지 않는다고 말하느니라."

우리는 자신이 지은 복에 대하여 처음부터 대가를 기대합니다. 그래서 대가가 기대만큼 돌아오지 않으면 섭섭해 하고, 괘씸해 하고, 야속하다고 생각합니다. 심지어는 가족들 사이에도 '내가 이렇게 하면 내 남편이 이렇게이렇게 해줄 것이고, 자식들이 어떻게어떻게 해주겠지'라며 자신에게 떨어지는 열매를 계산하는 경우가 많습니다.

그러나 보살은 처음부터 자신이 지은 복덕에 대해 기대를 갖지 않습니다. 왜냐하면 보살들은 자기 자신을 위해 복덕을 짓는 것이 아니라, 일체 중생들을 위해 복덕을 짓기 때문입니다. 따라서 대가를 계산하지 않기 때문에 자신에게 그것이 와도 그만 안 와도 그만이라고 여기며, 거기에 탐착하지 않고 무관심합니다.

그렇기 때문에 부처님은 '보살들이 복덕을 받지 않는다'고 하신 것입니다. 보살들조차 이러한데 하물며 더 이상 바랄 게 없는 최고의 지혜를 증득하신 부처님은 어떻겠습니까?

다음은 『묘법연화경』의 「관세음보살보문품」에 나오는 이야기입니다.

❇

석가모니 부처님께서는 중생들에게 『묘법연화경』 속의 「관세음보살보문품」을 설하시면서, 관세음보살의 교화방법과 이루 헤아릴 수 없는 공덕에 대해 찬탄하셨습니다.

그러자 감흥을 받은 무진의보살이 부처님께 간청하였습니다.

"세존이시여, 제가 관세음보살께 공양을 올리게 하여 주옵소서."

"선남자여, 그대가 공양하고 싶은 것을 공양하도록 하여라."

그러자 무진의보살은 자신의 몸에서 가치를 헤아릴 수 없을 만큼 아름답고 귀중한 진주 목걸이를 떼내어 공양을 올리며 관세음보살에게 말했습니다.

"보살이시여, 이 물건들을 받아주십시오."

그러나 관세음보살은 한사코 받으려고 하지 않았습니다. 그러자 무진의보살이 말했습니다.

"보살이시여, 이 진주 목걸이를 우리들에 대한 자비로 받아주십시오."

마침내 관세음보살은 무진의보살에게 자비를 보이시고, 사부대중과 천·용·야차·건달바·아수라 등에게 자비를 보이시며 그 진주 목걸이를 받았습니다.

그리고는 공양을 받은 목걸이를 둘로 나누어 하나는 석가모니 부처님께, 다른 하나는 다보여래를 모신 다보탑에 바쳤습니다.

그러자 석가모니 부처님께서는 게송을 읊으셨고, 그 자리에서 8만4천의 생명 있는 존재들은 위 없는 지고한 바른 깨달음을 향해 발심하였습니다.

　이 이야기를 통해 대보살님들도 꾸준히 복덕을 닦는다는 사실을 알 수가 있습니다. 그리고 그 보살들의 행동에는 어떠한 욕심이나 집착이 없다는 것을 알 수 있습니다.
　석가모니 부처님께서도 평상시에 그와같은 복덕을 지으셨습니다.

※

　부처님의 십대제자 가운데 아나율 존자는 천안제일(天眼第一)로 불리웁니다. 그러나 아나율 존자가 처음부터 그렇게 훌륭한 제자는 아니었습니다.
　아나율존자는 수행을 게을리하였을 뿐아니라, 종종 졸기까지 하였습니다. 어느 날 아나율존자는 석가모니 부처님으로부터 호된 꾸지람을 듣게 되었고, 그제서야 자신의 게으름을 크게 뉘우친 아나율 존자는 용맹심을 발하여 정진하였습니다.
　그는 잠도 자지 않은 채 수행에만 몰두하다가 마침내는 장님이 되어 버렸습니다. 하지만 육체의 눈을 잃은 대신 마음의 눈인 천안(天眼)을 얻었습니다. 그러나 일상 생활에 있어서는 많은 불편을 감수해야만 했습니다. 앞이 보이지 않았으므로 밥을 먹거나 옷을 입는 일 등에 여러 가지 어려움이 뒤따랐습니다.

그러던 어느 날이었습니다. 옷이 찢어진 아나율 존자는 옷을 깁기 위해 더듬더듬 바늘과 실을 찾아서는 바늘귀에 실을 꿰고자 했습니다. 한참 동안 안간힘을 썼으나 쉽게 되지 않자 탄식을 했습니다.

"누가 바늘귀를 좀 꿰어 주면 얼마나 좋을까!"

그때였습니다. 부처님께서 우연히 그곳을 지나시다가 아나율 존자의 탄식을 듣고 바늘과 실을 받아 쥐었습니다.

"내가 끼워 주지."

아나율 존자는 바늘을 건네받은 사람이 부처님이라는 사실을 알고는 황송하여 몸둘 바를 몰랐습니다.

"아! 부처님께서 어찌 이러한 일까지 하시옵니까?"

그러자 부처님께서 말씀하셨습니다.

"나도 끝없이 복을 닦아야 하느니라. 너희들만 복을 닦고 향상해야 되는 게 아니라 나도 끝없이 복을 닦아야 하느니라."

참으로 가슴을 파고드는, 부처님의 따스하신 사랑을 느끼게 하는 일화입니다.

부처님께서 제자의 바늘귀를 꿰어주신 것은 당신이 어떤 복을 짓겠다든가, 복을 받겠다든가 하는 생각이 있어서가 아닙니다.

이미 결코 줄어들거나 새어나감이 없는 무루복(無漏福)을 닦으신 부처님께서는, 복이 다하면 다시 불행해지는 유루복(有漏福)에 대해 어떠한 집착도 없으십니다.

복덕에 대한 어떤 집착도 없이, 나아가 어떠한 중생을 위해 어떻게 베푼다는 생각 없이 마냥 한결같이 베풀어 주십니다. 마치 태양처럼 베풀어 주시는 것입니다.

무릇 우리 불자들도 부처님처럼 어떠한 집착이나 대가 없이 꾸준히 베풀어 복덕을 쌓도록 해야 합니다. 그리고 필경에는 자신들이 지은 복덕을 최상의 깨달음으로 회향되도록 해야 합니다.

모든 불자들이 집착 없이 복과 지혜를 꾸준히 닦아 무상정등정각을 증득하시기를 축원드립니다.

威儀寂靜分 第二十九
위의적정분 제이십구

須菩提여 若有人이 言하대 如來- 若來若去若坐若臥라 하면 是人은 不解我- 所說義니 何以故오 如來者는 無所從來며 亦無所去일새 故名如來니라

수보리여, 만약 어떤 사람이 말하기를 '여래가 온다거나 간다거나 앉는다거나 눕는다'고 한다면 이 사람은 내가 설한 바 뜻을 알지 못함이니라. 무슨 까닭인가? 여래는 어디로부터 오는 바도 없고, 또한 어디를 향하여 가는 바도 없기 때문에 여래라 이름하느니라.

제28「불수불탐분」에서는 참된 보살이라면 지은 바 복덕에 대해 과보를 받으려 하거나 바라지 않는다는 것을 밝히셨고, 제29「위의적정분(威儀寂靜分)」에서는 부처님의 모든 행위가 항상 고요하고 한결같음을 밝히고 계십니다.

진리의 부처님인 법신불(法身佛)의 입장에서 볼 때 부처님은 오는 것도 아니요 가는 것도 아니며, 움직이고 머무르고 앉고 눕는 행주좌와(行住坐臥)가 없습니다. 행주좌와는 32상

80종호를 갖춘 화신불(化身佛)이나 중생들의 작용일 뿐, 진리 그 자체인 부처님은 항상 고요하여 가고 오고 앉고 눕는 행위나 분별이 없다는 것을 확고히 알아야 한다는 것입니다.

하지만 우리 중생들은 세세생생토록 지어온 업습(業習)에 얽혀 있습니다. '나'에 대한 집착에서 비롯된 업과 습관은 '나'에 대한 또 다른 분별심과 번뇌를 불러일으켜, 이 힘든 고해(苦海)를 더욱 힘들게 만들어 버립니다. 거친 파도 속의 일상생활은 말할 것도 없고, 파도를 잠재우는 수행인 염불이나 참선을 하는 동안에도 온갖 번뇌망상에 흔들리고 끄달리며 살고 있습니다.

하지만 돌이켜 보십시오. 구름이 생겨나고 변화하고 사라진다고 하여 하늘이 바뀝니까? 아닙니다. 하늘은 언제나 여여(如如)합니다. 법신불 또한 마찬가지입니다. 모든 부처님께서 회복하고 증득하신 법신불, 그리고 우리가 간직하고 있는 법신불은 항상 고요하고 언제나 깨어 있고 청정합니다. 부처님과 중생은 바로 이 법신불을 체득하였느냐 체득하지 못하였느냐의 차이일 뿐입니다.

현실적으로 볼 때 그 차이는 '죽음의 사촌'이라고 하는 잠에서부터 뚜렷이 보여집니다. 사실 부처님께서는 잠을 주무시지 않았다고 합니다. 온갖 번뇌망상으로 머리를 피곤하게 만들어 잠을 통해 머리를 잠시 쉬게 해줘야 하는 중생들과 달리, 부처님께서는 번뇌가 없으셨고 또 선정으로 잠을 대신하셨기 때문에 육신이 누워 계신 동안에도 정신은 맑고 밝고 또렷하게 깨어 있었다고 합니다.

이와 같은 현상은 부처님께만 나타나는 것이 아닙니다. 수행을 많이 하신 높으신 분들에게는 자연스럽게 나타나는 현상입니다. 그분들은 남들이 보기에 육신은 자리에 눕고 눈을 감고 있어 잠을 자고 있는 듯하지만, 실제로는 바닥을 기어가는 개미들의 발소리까지 또렷하게 듣고 있습니다.

물론 우리도 될 수 있습니다. '나'에 대한 집착과 분별심만 놓아버릴 수 있다면…. '나'에 대한 집착과 분별심을 놓아버릴 때 하늘이 보이고 진리 자체인 법신불이 나타나고 한결같은 여래가 됩니다. 모든 부처님께서 회복해 지녔고 우리에게 본래부터 간직되어 있는 그 법신불은 '어디로부터 오는 바도 없고, 또한 어디를 향해 가는 바도 없다'는 것을 확실히 깨닫게 됩니다.

제29「위의적정분」은 바로 이것을 깨우치고 있습니다. 눈앞의 모습을 따라 움직이지 말고, 항상 적정한 법신불을 보고 그 본질 속에서 살도록 노력하라는 것입니다.

하지만 중생의 분별심은 모든 것을 쪼개어 놓습니다. 번뇌망상으로 서로를 나누고 분리시키고 다르게 본 다음, 자기의 견해가 옳다고 주장하며 다른 것은 이해조차 하지 않으려 합니다. 이에 부처님께서는 제30「일합이상분(一合理相分)」을 설하여 중생의 정견(正見)을 열어주고자 하십니다.

一合理相分 第三十
일합이상분 제삼십

須菩提여 若善男子善女人이 以三千大千世界로 碎爲微塵하면 於意云何오 是微塵衆이 寧爲多不아

須菩提言하되 甚多니이다 世尊하 何以故오 若是微塵衆이 實有者인댄 佛이 則不說是微塵衆이니 所以者何오 佛說微塵衆이 卽非微塵衆일새 是名微塵衆이니이다 世尊하 如來-所說 三千大千世界가 卽非世界일새 是名世界니 何以故오 若世界-實有者인댄 則是一合相이어니와 如來說一合相은 卽非一合相일새 是名一合相이니이다

須菩提여 一合相者는 則是不可說이어늘 但凡夫之人이 貪着其事니라

수보리여, 만약 선남자 선여인이 삼천대천세계를 부수어 작은 티끌로 만들었다면, 네 생각이 어떠하냐? 이 작은 티끌들이 많다고 하겠느냐?

수보리가 사뢰었다.

매우 많겠나이다, 세존이시여. 왜냐하면 만약 이 작은 티끌들이 실제로 있는 것이라면 부처님께서는 곧 '작은 티끌

들'이라고 말씀하시지 않으셨을 것이기 때문이옵니다. 왜 냐하면, 부처님께서 말씀하시는 작은 티끌들은 곧 작은 티끌들이 아니라, 그 이름이 작은 티끌들이기 때문입니다. 세존이시여, 여래께서 말씀하신 삼천대천세계도 곧 세계가 아니라 그 이름이 세계일 뿐이옵니다. 왜냐하면 만약 세계가 실로 있는 것이라면 곧 그것을 일합상(一合相 : 한 덩어리) 이라고 할 것이오나, 여래께서 말씀하신 일합상은 곧 일합상이 아니라 그 이름이 일합상이기 때문입니다.

수보리여, 일합상은 곧 가히 말로써 표현할 수 없는 것이건만, 범부들이 그 일에 탐착을 하느니라.

제30 「일합이상분(一合理相分)」은 얼른 읽기에 매우 복잡하여 이해가 쉽게 되지 않습니다. 그러므로 여기에서는 핵심이 되는 '삼천대천세계, 작은 티끌, 일합상(一合相)'의 세 단어를 뽑아 풀어보겠습니다.

삼천대천세계는 중생의 상상을 넘어서고 있는 한없이 넓고 큰 우주를 가리킵니다. 이 삼천대천세계를 부수어 작은 티끌로 만든다는 것이 가능합니까? 불가능하지만 상상으로는 가능합니다. 그리고 우리는 무수한 티끌이 모여 삼천대천세계를 이루었고, 삼천대천세계가 부서지면 티끌로 바뀐다는 것을 감지할 수 있습니다.

삼천대천세계는 진리인 법신불에 대한 비유요, 작은 티끌은 바로 '나'입니다. 이러한 관계 속에서 우리는 어떻게 살아야 합니까? 법신불인 삼천대천세계에 집착하며 살아야 합니까? 작은 티끌인 '나'에 집착하며 살아야 합니까? 아니면 삼천대천세계가 곧 작은 티끌이요 작은 티끌이 곧 삼천대천세계라는 일합상(一合相), 법신이 곧 나요 내가 곧 법신이라는 일합상에 집착하며 살아야 합니까?

금강경을 통하여 부처님께서는 이 셋 모두에 대해 집착하지 말라고 가르쳤습니다. 그리하여 이 셋을 모두 부정하시되, 작은 티끌부터 부정하셨습니다.

"작은 티끌들은 곧 작은 티끌들이 아니라, 그 이름이 작은 티끌이니라."

이 말씀은, "내가 고집하는 작은 나는 참 나가 아니라, 그 이름이 나일 뿐이다"는 가르침입니다. 그런데 왜 '작은 티끌'을 가장 앞에 둔 것일까요? 먼저 '나'부터 부정하고 놓아 버리도록 하기 위함입니다. 다음으로 부처님께서는 삼천대천세계를 부정하셨습니다.

"삼천대천세계도 곧 세계가 아니라 그 이름이 세계일 뿐이다."

"너희가 관념적으로 생각하고 있는 진리의 법신불은 참된 법신불이 아니다. 그냥 네가 관념화시킨 법신불일 뿐이다. 참된 법신불은 관념을 떠나 있다. 그러므로 그 관념부터 놓아 버려야 한다"는 가르침입니다. 부처님께서는 마지막으로 일합상(一合相)을 부정하셨습니다.

"일합상은 곧 일합상이 아니라 그 이름이 일합상이니라."

일합상은 '한 덩어리라고 집착하는 것'입니다. 곧 나와 법신불을 잇는 연결고리의 역할을 하는 것이 일합상입니다. 따라서 부처님의 말씀을 다음과 같이 풀이할 수 있습니다.

"작은 티끌과 삼천대천세계가 한 덩어리라고 집착하는 것은 너의 편견일 뿐이다. 작은 티끌은 삼천대천세계가 아니요 삼천대천세계는 작은 티끌이 아니다. '나 속에 법신불이 깃들어 있고 법신불이 곧 나'라는 생각 또한 마찬가지이다. 그와 같은 일합상은 너의 생각일 뿐 분명한 것이 아니다. 분명한 것이 아닌데 왜 집착을 하느냐? 놓아버려야 한다."

그럼 분명한 것은 무엇인가? 먼저 '나'를 완전히 놓아버릴 때 스스로 체험하게 되는 '그 무엇'이 있으니 그것이 분명하다는 것입니다. 그때에 이르러 '그 무엇'을 법신불이라 이름 붙여도 늦지 않으며, '나'와 '그 무엇'을 '일합(一合)'이라 하여도 늦지 않다는 것입니다.

깨달음의 공부를 함에 있어 처음에는 여러 가지 이름을 빌려 이론적인 체계를 정립시켜 주는 것이 필요하지만, 깨달음을 향한 공부가 본 궤도에 오르면 방편적인 가르침을 모두 놓아버려야 합니다. 그래야만 진정한 삼매(三昧)의 자리에 이를 수 있습니다.

우리가 지금 공부하고 있는 금강경 제30분이 바로 그 단계에 이르렀기에, 부처님께서는 주체인 '나'와 목표인 '법신불', 그리고 그 둘의 연결고리인 '일합상'까지를 모두 부정하여 놓아버리게 하신 것입니다.

　이제 모든 것을 부정하고 놓아버리게 하신 부처님께서는 제31분을 통하여 진리·깨달음·법신불을 증득할 수 있는 금강경의 핵심 법문을 다시 한 번 일깨워 주십니다.

知見不生分 第三十一
지견불생분 제삼십일

　須菩提여 若人이 言- 佛說 我見 人見 衆生見 壽者見이라 하면 須菩提여 於意云何오 是人이 解我所說義不아
　不也니이다 世尊하 是人은 不解如來所說義니 何以故오 世尊이 說 我見 人見 衆生見 壽者見은 卽非我見 人見 衆生見 壽者見일새 是名我見 人見 衆生見 壽者見이니이다
　須菩提여 發阿耨多羅三藐三菩提心者는 於一切法에 應如是知하며 如是見하며 如是信解하야 不生法相이니 須菩提여 所言法相者는 如來說- 卽非法相일새 是名法相이니라

　수보리여, 만일 어떤 사람이 '부처님께서 아견·인견·중생견·수자견을 말씀하셨다'고 한다면 수보리여, 네 생각은 어떠하냐? 이 사람이 내가 말한 뜻을 안다고 하겠느냐?
　아니옵니다. 세존이시여, 이 사람은 여래께서 말씀하신 뜻을 이해하지 못하는 것이옵니다. 왜냐하면 세존께서 말씀하신 아견·인견·중생견·수자견은 곧 아견·인견·중생견·수자견이 아니라 그 이름이 아견·인견·중생견·수자견일 뿐이기 때문입니다.

수보리여, 아뇩다라삼먁삼보리의 마음을 일으킨 사람은 일체법을 마땅히 이와 같이 알고 이와 같이 보며 이와 같이 믿고 이해하여 법상(法相)을 내지 말지니라. 수보리여, 이른바 법상이란 것도 여래는 법상이 아니라 그 이름이 법상이라고 설하느니라.

제31「지견불생분(知見不生分)」에서는 아견·인견·중생견·수자견 등 어떤 상(相)에 근거한 알음알이, 곧 지견(知見)을 일으키지 말 것을 설하고 계십니다. 한마디로 말하면, 주관적인 견해를 갖지 말라는 가르침입니다.

부처님께서는 중생들에게 방편으로 '이런 것은 아견이다·인견이다·중생견이다·수자견이다'라는 말씀을 하셨습니다. 그러나 그것은 상(相)에 집착한 알음알이가 아니었습니다. 부처님께서는 '아견·인견·중생견·수자견'이라는 이름만 사용하셨을 뿐, 중생들이 집착하고 있는 것과 같은 고정된 형태의 '아견·인견·중생견·수자견'은 결코 없습니다.

이에 대해 육조 혜능(六祖 慧能) 스님은 다음과 같이 명쾌하게 뜻풀이를 하셨습니다.

"여래께서 설하신 아견·인견 등은 범부의 아견·인견 등과 같지 않다. 참다운 여래의 4견은 다음과 같다.

① 일체 중생에게 모두 불성(佛性)이 있다는 것이 참다운 여래의 아

견이요,

② 일체 중생에게는 새거나 줄지 않는 무루(無漏)의 지혜 성품이 본래 스스로 구족해 있다는 것이 여래의 인견이며,

③ 일체 중생에게는 본래 번뇌가 없는데 이것이 여래의 중생견이고,

④ 일체 중생의 성품은 본래 스스로 불생불멸(不生不滅)한데 이것이 여래의 수자견이니라."

하지만 중생들은 다릅니다. '나'를 내세우고, 남을 비웃거나 부러워하며, 번뇌망상에 휩싸이고, 생멸(生滅)을 두려워합니다. 그리고는 자기의 분별심과 견해에 대해 자꾸만 집착을 키워갑니다.

이것이 법상(法相)입니다. 이 법상이 보리심을 망쳐 놓기 때문에 부처님께서는 '법상을 내지 말라'고 하셨습니다. 그리고 수행의 경지가 높아지면 부처님께서 직접 설하신 법에 대해서도 상(相)을 내지 말 것을 강조하셨습니다.

"수보리여, 아뇩다라삼먁삼보리의 마음을 일으킨 사람은 일체법을 마땅히 이와 같이 알고 이와 같이 보며 이와 같이 믿고 이해하여 법상(法相)을 내지 말지니라. 수보리여, 이른바 법상이란 것도 여래는 법상이 아니라 그 이름이 법상이라고 설하느니라."

실로 우리 불자들 중에는 깨달음의 공부를 하면 무엇이든

알 수 있다고 집착을 하거나 기대를 갖는 이들이 있습니다. 마치 점쟁이나 무당들에게 귀신이 붙으면 귀신이 상대방의 마음이나 몇백 리 밖의 일을 알아다 가르쳐 주는 것처럼, 참선·염불·주력·기도 등의 수행을 하면 뭔가를 알 수 있게 된다고 기대를 합니다.

그리고 어떤 말을 해주면 그 말에 자꾸 집착을 합니다. '이렇다'고 하면 이쪽에 집착하고, '저렇다'고 하면 저쪽에 집착하기 때문에, 답답해 하며 해답을 구하는 불자들에게 꼭 집어 조언을 해주기가 참 어렵습니다. 잘못하다가는 해준 말에 집착을 하여 계속 병통을 만들어 내는 결과를 초래하기 때문입니다.

한 가지 예를 들겠습니다. 나는 종종 불자들에게 이런 부탁을 드립니다.

"염불을 하거나 주력을 하거나 화두를 들다 보면 일종의 신통력이라고 하는 마구니, 곧 장애가 많이 오게 되는데, 신통력이 생겨났다고 자기가 깨친 것처럼, 부처가 된 것처럼 착각하지 말라."

그런데 또 어떤 불자님들은 내가 이런 말을 하면 그 말에 집착을 하여 '아이고, 장애가 온다고 하는데….'라며 지레 겁을 먹습니다. 이것 또한 병통이 붙는 생각입니다.

이처럼 중생들은 말에 따라 집착하기를 좋아합니다. 금강경을 공부하다가도 '법신 부처님은 32상 80종호와 관계 없고, 복(福)하고도 아무 관계가 없겠구나. 그러면 화신 부처님이 대신 복을 받겠지'라며 비약적인 판단을 내립니다. 심지어 공(空)에 대해 설하시면, 공을 자꾸 상상하고 추측을 하여 '공은 이런 것이겠구나'라고 규정을 내려 버립니다.

그러나 스스로가 내리는 규정이나 판단은 절대로 금하여야 합니다. 깨달음의 공부는 스스로의 환상에 젖어드는 것이 아닙니다. 이것이 병이 되고 장애가 되어 공부를 방해합니다. 심지어는 생명을 위협할 때도 있습니다.

❋

8.15해방 직후의 일입니다. 나이 17세 무렵, 해인사에 나보다 여남은 살 많은 봉신스님이라고 하는 분이 있었습니다.

봉신스님은 옛 스님들의 표현대로 '뭔가가 툭 터지고 깨지는 것'이 도를 깨치는 것이라는 생각을 갖고 있었습니다. 곧 '도를 깬다', '도가 터진다'라는 말 때문에 물건이 깨어지듯이 뭔가가 깨지고, 풍선이 터지듯이 뭔가가 터지는 것을 도를 깨닫는 것으로 착각을 하며 살던 분이었습니다.

그러던 어느 해 여름이었습니다. 해인사 백련암에서 공양주를 하고 있던 봉신스님은 문득 하늘과 땅이 '꽝' 하고 터져나가는 듯한 소리를 들었습니다. 온 천하가 터지는 것과 같은 소리를 듣는 순간 스님은 가슴이 시원해지는 기분을 느꼈습니다. 그리고 스님은 자신이 '깨달았다, 부처가 되었다'는 환상에 젖어들었습니다.

그 후부터 스님에게는 이상한 현상이 벌어졌습니다. 정신이 한쪽으로 치우쳐, 절대로 성을 내거나 짜증내거나 불평하는 일이 없어져 버린 것입니다.

당시만 해도 우리 나라의 사원 경제는 열악하여, 아침에는 죽을 끓여 주었는데, 쌀이 모자라 흰죽을 멀겋게 끓여 주었습니다. 그리고 낮에는 밥을 주었는데 세 숟가락을 먹으면 없어져 버릴 만큼 적은 양이었습니다.

한창 젊은 나이의 수행자들에게 양에 찰 리가 만무했습니다. 죽을 지경으로 배가 고팠던 어떤 젊은 스님들은 '봉신부처님'의 밥을 수시로 빼앗아 먹곤 했습니다. 그러면 봉신스님은 화를 내기는커녕 이런 말을 했습니다.

"흠, 부처님은 아무 것도 안 잡숫는기라."

한번은 젊은 스님들이 봉신스님의 얼굴에 붓으로 색칠을 하고는 탁자 위에 올려 놓았습니다. 그리고 그 아래에서 '부처님!' 하며 절을 하고 장난을 쳤습니다.

자신이 부처라는 착각에 빠진 봉신스님은 정신이상자가 되었고, 6.25사변 때 가야산 바위 위에서 혼자 좌선하던 중 빨치산들에 의해 목숨을 잃고 말았습니다.

봉신스님은 '도가 터진다'는 옛 스님들의 표현방법에 집착하여 착각을 일으켰고 이상한 옆길로 가고 말았던 것입니다.

꼭 명심하십시오. 알음알이에 집착하여 알음알이에 머무르면, 그 알음알이가 '나'를 망칩니다. 모름지기 공부를 하는 불자들은 나름대로의 판단에 빠지거나 알음알이를 일으켜서는 안 됩니다. 알음알이를 형상화시켜서는 안 됩니다.

설혹 부처님이나 법에 대한 것일지라도 나의 견해, 나의 알음알이에는 집착을 하지 마십시오. 한 경지에 올라서면 그 경지를 버리고 또 나아가고, 또 다른 경지에 이르면 또 그 경지를 버리고 다시 새롭게 나아가야 합니다. 무상정등각을 이룰 때까지 법에 대한 집착마저 버리며 끊임없이 향상의 길로 나아가야 하는 것입니다.

"법에 대한 집착, 법상(法相)을 내지 말지니라."

이것이 수행하는 불자에게 가장 요긴한 가르침이라는 것을 꼭 명심하시기 바랍니다.

應化非眞分 第三十二
응 화 비 진 분　제 삼 십 이

　須菩提여 若有人이 以滿無量阿僧祇世界- 七寶로 持用布施라도 若有善男子善女人이 發菩薩心者- 持於此經하야 乃至四句偈等을 受持讀誦하며 爲人演說하는 其福이 勝彼하리니 云何爲人演說고 不取於相하고 如如不動하라 何以故오
　一切有爲法이
　如夢幻泡影하며
　如露亦如電이라
　應作如是觀이니라
　佛說是經已하시니 長老須菩提와 及諸比丘 比丘尼와 優婆塞 優婆夷와 一切世間- 天 人 阿修羅가 聞佛所說하옵고 皆大歡喜하야 信受奉行하니라

　수보리여, 만약 어떤 사람이 한량없는 아승지 세계에 가득 찰 만큼의 칠보로써 보시를 하고, 어떤 선남자 선여인이 보살심을 발하여 이 경이나 이 경의 사구게(四句偈)만이라도 받아지니고 읽고 외우고 다른 이를 위해 연설하여 주면, 그의 복이 앞의 복보다 더욱 수승하니라. 어떻게 다른 이를

위해 연설하여 줄 것인가? 상을 취하지 않고 여여부동(如如
不動)하라. 무슨 까닭이냐?

  일체의 유위법(有爲法)은
  꿈 · 환상 · 물거품 · 그림자와 같고
  이슬과 같고 또한 번개와 같나니
  마땅히 이와 같이 관할지니라

  부처님께서 이 경을 설하여 마치시니, 장로 수보리와 여러 비구와 비구니와 우바새와 우바이와 일체 세간의 하늘사람 · 인간 · 아수라 등이 부처님께서 설하신 말씀을 듣고 모두 크게 환희하여, 믿고 받들어 행하였다.

  이제 금강경의 마지막인 제32「응화비진분(應化非眞分)」에 이르렀습니다. 여기에서 부처님께서는 수많은 물질로 보시를 하는 복덕보다 금강경 또는 사구게를 받아지니고 읽고 외우고 남에게 연설하여 주는 복덕이 더 크다는 것을 다시 한 번 강조하셨습니다.

  이는 당신께서 설하신 금강경을 위대하게 여기라는 말씀이 아닙니다. 금강경의 가르침이 '나'와 '법'에 대한 집착을, 그릇된 지견을 놓아버리게 하여, 마침내는 무상정등각을 이루게 하는 가르침이기 때문입니다.

  이어서 부처님께서는 금강경을 남에게 설하여 줄 때의 자세에 대해 말씀하셨습니다.

"상을 취하지 않고 여여부동(如如不動)하라."

한결같이 동요되지 않는 여여부동! 보살심을 낸 사람은 어떤 모습에 끌려다니거나 어떤 일에 흔들리지 않아야 합니다. 더욱이 상대의 반응에 민감해져서는 안 됩니다. 진실은 그냥 행할 뿐입니다. 보살이라면 보살도(菩薩道)를 행할 뿐입니다. 명예나 이익을 위해 하는 것이 아닙니다. 마땅히 할 바이므로 그냥 행할 뿐입니다.

모름지기 보살의 길을 걷는 불자들은 흔들리지 않아야 합니다. 무엇보다도 내가 흔들리지 않는 것이 중요합니다. 여여부동! 내가 흔들리지 않으면 모든 것이 흔들리지 않습니다. 이것이 여여(如如)하게 사는 비결입니다. 적정(寂靜)과 향상의 길로 나아가는 비결입니다.

그러나 '나'에 대한 상이 있고 법에 대한 집착이 있으면 흔들리지 않을 수 없습니다. '나'로써 나를 흔들고 대상 또한 흔들어 버리니 세상이 고요해질 날이 없습니다. 이에 부처님께서는 게송으로 마지막 당부를 하며 금강경 설법을 마무리 짓습니다.

일체의 유위법(有爲法)은
꿈·환상·물거품·그림자와 같고
이슬과 같고 또한 번개와 같나니
마땅히 이와 같이 관할지니라

一切有爲法　如夢幻泡影
　　如露亦如電　應作如是觀

　우리의 삶 속에서 일어나는 일들, 우리가 생각하는 일체의 유위법은 꿈·환상·물거품·그림자·이슬·번개와 같이 허망하고 찰나적인 것이므로 집착하지 말라는 깨우침입니다. 만해 한용운 스님은 말씀하셨습니다.
　"이 세상의 인생 세간 일은 하나의 큰 꿈이다. 꿈 속의 일을 가지고 왜 울고불고 하고, 불평을 하고, 짜증을 내고, 성깔을 부리고 하느냐? 꿈이 길건 짧건, 크건 작건 꿈은 꿈이다."
　또한 청나라의 순치 황제는 출가할 때 이런 말을 남겼습니다.
　"인간 세상에서 백 년 산다고 해도 삼경의 꿈과 같고, 만리 강산에서 부귀공명을 누리며 산다 해도 한 판의 바둑과 같다."
　모두가 상(相)을, 집착을 놓아버리라는 가르침입니다. 상이 강해지고 집착이 쌓이면 불행과 아픔과 고통이 심해지지만, 상이 없어지고 집착이 사라지면 지금 이 자리에서 깨달음과 합해지고 무한 행복과 무한 영광이 찾아듭니다.
　마침내 부처님께서 게송을 읊으시며 경을 마치시자 기수급고독원에 모인 대중들은 모두 다음과 같은 반응을 보였습니다.
　"부처님께서 이 경을 설하여 마치시니, 장로 수보리와 여러 비구와 비구니와 우바새와 우바이와 일체 세간의 하늘사람·인간·아수라 등이 부처님께서 설하신 말씀을 듣고 모두 크게 환희하여, 믿고 받들어 행하였다."

이제 금강경 강의는 끝났습니다. 그런데 그 동안 이 글을 읽은 우리 불자들은 어떻습니까? 부처님 당시의 대중들처럼 환희를 느끼십니까? 금강경의 가르침을 믿고 받들어 행하리라는 다짐이 섭니까?

우리의 일상생활 속에서 참으로 잘사는 방법이 무엇인지를 다시 한 번 돌아보시기 바라며, 지금 이 순간부터 우리 불자님들이 금강경의 가르침에 따라 '나'를 비우는 행을 하나씩 하나씩 실천하여 평화롭고 아늑하고 환희가 넘치는 금강반야바라밀의 경지에 다다를 수 있게 되기를 축원드리고 또 축원드립니다.

나무금강반야바라밀

南無金剛般若波羅蜜

나무금강반야바라밀.

기도 및 영가천도의 지침서

광명진언 기도법 / 일타스님·김현준　　　신국판 176쪽 6,000원
광명진언 기도를 널리 펴고자 일타스님과 김현준 원장이 함께 저술한 책. 광명진언 속에 새겨진 참의미와 바른 기도법, 빠른 기도성취법 등을 자상하게 설하고, 유형별 기도성취 영험담을 다양하게 수록하였으며, 누구나 보기 쉽도록 큰활자로 발간하였습니다. 광명진언을 외우면 행복과 평화, 영가천도, 소원성취를 이룰 수 있습니다.

기도 / 일타스님　　　신국판 240쪽 9,000원
총 6장 52편의 다양한 기도 영험담으로 엮어진 이 책을 읽다보면 기도를 통해 틀림없이 부처님의 가피를 입을 수 있음을 확신할 수 있게 되고, 올바른 기도법과 함께 기도성취의 지름길을 알 수 있게 됩니다.

기도성취 백팔문답 / 김현준　　　신국판 240쪽 9,000원
기도에 대한 정의·기도와 믿음·업장소멸의 방법·꾸준한 기도의 효험·원을 세우는 법·축원법·각종 기도가피와 기도성취의 시기·성취를 위한 하심법下心法 등 기도에 관한 궁금증들을 문답형식으로 자상하게 풀이하였습니다.

참회와 사랑의 기도법 / 김현준　　　신국판 192쪽 7,000원
총 84가지 문답을 통하여 참회의 정의에서부터 참회기도를 해야하는 까닭, 절을 통한 참회법·염불참회법·주력참회법·가족을 향한 참회법, 기도 축원의 구체적인 내용 및 자비의 기도가 갖는 효과, '백중과 영가천도'등에 대해 아주 상세하게 설명하고 있습니다.

참회·참회기도법 / 김현준　　　신국판 160쪽 6,000원
참회의 참된 의미, 절·염불을 통한 참회법, 참회인의 마음가짐, 이참법 등을 영험담들과 함께 감동 깊게 엮은 책으로, 참회를 통해 행복하고 자유로운 삶을 사는 방법을 열어주고 있습니다.

불교의 자녀사랑 기도법 / 김현준　　　신국판 160쪽 6,000원
사랑하는 자녀들을 가장 잘 사랑할 수 있는 방법을 부처님의 가르침에 의지하여 정립하고 생활화한 책입니다. 이 책의 가르침을 따라 자녀를 사랑하고 기도해보십시오. 우리의 자녀들이 뜻하는 바 소원을 성취하고, 행복과 평화를 누릴 수 있게 될 것입니다. 부록으로 부모님께 효도하여야 하는 까닭과 방법도 수록하였습니다.

참회 / 김현준　　　4×6판 160쪽 5,500원
참회의 원리와 공덕, 절·염불·주력을 통한 참회법, 간단하면서도 효과가 큰 오회참법, 자비축원의 참회, 이참법, 원효대사의 대승육정참회 등을 감동 깊게 엮은 책으로, 참회를 통해 깨달음을 이루고 자유로운 삶과 행복하게 사는 방법 등을 일러주고 있습니다.

법보시를 원하시는 분은 출판사로 연락 주십시오. 할인혜택을 드립니다.
전화 02-587-6612, 582-6612 팩스 02-586-9078

알기 쉬운 경전 해설서

생활 속의 관음경 / 우룡스님　　　　　　신국판　240쪽　9,000원
관세음보살보문품인 관음경을 통하여 관세음보살의 본질, 일심칭명과 재난 소멸법, 공경예배와 소원 성취법, 관세음보살을 관하는 법 등에 대해 여러 가지 영험담과 함께 감동적으로 풀이하고 있습니다.

생활 속의 천수경 / 김현준　　　　　　신국판　280쪽　9,000원
천수관음이 출현하신 까닭, 천수관음을 청하는 법과 가피를 얻는 법, 신묘장구대다라니의 풀이와 공덕, 찬탄의 공덕과 참회성취의 비결, 준제기도 및 주요 진언 속에 깃든 의미, 여래십대발원문 사홍서원 삼귀의 의미 등을 상세히 풀이하였습니다.

생활 속의 반야심경 / 김현준　　　　　　신국판　240쪽　9,000원
반야심경의 구절구절들을 우리의 생활과 결부시켜 참으로 쉽고 명쾌하게 해석하였습니다. 공空의 의미, 모든 괴로움의 원인과 해탈법, 색즉시공 공즉시색의 참 뜻, 걸림 없고 진실불허한 삶을 이루는 방법 등을 감동적으로 풀이하였습니다.

생활 속의 보왕삼매론 / 김현준　　　　　　신국판　240쪽　9,000원
『보왕삼매론』을 해설한 이 책은 병고 해탈, 고난 퇴치, 마음공부와 마장 극복, 일의 성취, 참사랑의 원리, 인연 다스리기, 공덕 쌓는 법, 이익과 부귀, 억울함의 승화 등 누구나 인생살이에서 겪게 되는 장애들을 속 시원하게 뚫어주고 있습니다.

화엄경 약찬게 풀이 / 김현준　　　　　　신국판　216쪽　8,000원
불자들이 자주 독송하는 화엄경약찬게! 그냥 읽으면 참으로 어렵고 무슨 내용인지 알 수 없지만 이 풀이를 본 다음에 읽으면 약찬게를 명확히 파악할 수 있게 될 뿐 아니라 화엄경의 내용까지 꿰뚫어 환희심이 샘솟고 대화엄의 세계에서 노닐 수 있게 됩니다.

예불문, 그 속에 깃든 의미 / 김현준　　　　　　신국판　256쪽　9,000원
많은 불자들이 궁금해 하였던 오분향의 의미와 지심귀명례하는 방법, 불법승 삼보의 내용과 문수·보현·관음·지장보살, 십대제자·16나한·5백나한·천이백아라한·역대조사, 그리고 사부대중의 화합 등을 이 책 속에 모두 담았습니다.

윤회와 인과응보 이야기 / 일타스님　　　　　　신국판　240쪽　9,000원
"죽음 뒤의 세상, 인간은 과연 윤회하는 존재인가?" 내가 지은 업은 어떻게 전개될 것인가? 이러한 의문의 해답을 일러주고자 총 49가지 이야기로 엮은 이 책을 읽다 보면 윤회와 인과응보에 대한 해답을 명확하게 얻을 수 있게 됩니다.

사성제와 팔정도 / 김현준　　　　　　국판　240쪽　9,000원
부처님께서 중생들로 하여금 가장 빨리 깨달음과 행복의 길로 나아가도록 하기 위해 창안하신 사성제와 팔정도. 이 불교의 핵심교리에 대해 많은 이야기를 섞어 알기 쉽고 분명하게 풀이하였습니다.

※ 다량의 법보시는 할인혜택을 드립니다. 전화 02-587-6612, 582-6612